JESUS DA GENTE

Pastor Henrique Vieira

Jesus da gente

Uma leitura da Bíblia para os nossos dias

OBJETIVA

Grafia atualizada segundo o Acordo Ortográfico da Língua Portuguesa de 1990, que entrou em vigor no Brasil em 2009.

Capa
Mariana Metidieri

Imagem de capa
Labetskiy Alexandr/ Shutterstock

Preparação
Bruna Gomes Ribeiro

Revisão
Adriana Bairrada
Aminah Haman

Dados Internacionais de Catalogação na Publicação (CIP)
(Câmara Brasileira do Livro, SP, Brasil)

Vieira, Henrique
Jesus da gente : Uma leitura da Bíblia para os nossos dias / Henrique Vieira. — 1ª ed. — Rio de Janeiro : Objetiva, 2022.

ISBN 978-85-390-0736-3

1. Bíblia – Ensinamentos 2. Deus (Cristianismo) – Adoração e amor 3. Jesus Cristo 4. Vida cristã I. Título.

22-115254 CDD-220.6

Índice para catálogo sistemático:
1. Bíblia : Ensinamentos 220.6

Eliete Marques da Silva — Bibliotecária — CRB-8/9380

[2022]

EDITORA SCHWARCZ S.A.
Praça Floriano, 19, sala 3001 — Cinelândia
20031-050 — Rio de Janeiro — RJ
Telefone: (21) 3993-7510
www.companhiadasletras.com.br
www.blogdacompanhia.com.br
facebook.com/editoraobjetiva
instagram.com/editora_objetiva
twitter.com/edobjetiva

Dedico este livro aos irmãos e irmãs da minha comunidade de fé, a Igreja Batista do Caminho. Sou fruto dessa construção pastoral, teológica, comunitária e militante. Desde 2009 caminhamos juntos, buscando dar testemunho da beleza da mensagem de Jesus. Sinto-me acolhido, compreendido e impulsionado por essa amada igreja. Posso dizer com alegria e gratidão que amo nossa comunidade de fé!

Agradeço a Caroline Inacio, companheira de vida, e Maria Inacio Vieira, minha filha. Sem elas, nada é possível. Com elas, desafio limites e impregno a vida de sentido.

A Bíblia pode ser usada — e já o foi inúmeras vezes — para legitimar sistemas de opressão e múltiplas violências. Essa mesma Bíblia, contudo, inspirou e inspira práticas de amor, solidariedade e profunda entrega à humanidade. É fundamental que consigamos retomar esse olhar.

Sumário

Prefácio

Leonardo Boff

O pastor da Igreja Batista do Caminho, Henrique Vieira, tornou-se nacionalmente conhecido no Carnaval de 2020 ao desfilar, na Marquês de Sapucaí, pela Estação Primeira de Mangueira. A escola de samba cantava: "Jesus da gente, rosto negro, sangue índio, corpo de mulher". Henrique interpretou um Jesus negro, montado num jumentinho, entrando em Jerusalém sendo saudado pelo povo – "Um Jesus simples e no meio do povão, longe dos tapetes vermelhos, da coroa, dos protocolos dos poderosos e das elites. Jesus de braços abertos". O pastor fundamentou assim sua participação: "Jesus é ofendido quando o povo negro é alvo de preconceito, quando uma mulher sofre violência, quando o indígena corre de bala, quando o pobre é massacrado. Hoje Jesus foi celebrado com festa, com alegria, com respeito".* Criticado por outros pastores, Henrique escreveu um belíssimo artigo sobre o significado sagrado daquilo que foi chamado "O Jesus da gente". Não sem razão, denominou sua comunidade batista de Igreja do

* Disponível em: <https://www.geledes.org.br/pastor-henrique-vieira-diz-que-jesus-foi-honrado-em-desfile-da-mangueira/>. Acesso em: 15 maio 2022.

Caminho, o primeiro nome dado ao cristianismo: o Caminho de Jesus. Atuou também como ator no filme de Wagner Moura, *Marighela, o filme*, representando um frei dominicano, amigo do protagonista (seu Jorge).

Esses dados revelam as múltiplas facetas do pastor Henrique Vieira: professor, teólogo, poeta, escritor, ator, palhaço, ativista social especialmente na área dos direitos humanos, e em especial nos direitos dos pobres. Por suas intervenções na televisão, na internet e nas muitas lives realizadas durante a pandemia, tornou-se um líder espiritual apreciado particularmente pelos jovens.

Antes deste livro, *Jesus da gente: Uma leitura da Bíblia para os nossos dias*, o pastor Henrique escreveu outros dois trabalhos notáveis: *O amor como revolução* (2019) e *O monge e o pastor: Diálogos para um mundo melhor* (2020), em coautoria com Marcelo Barros.

Para chegar ao que é hoje, o pastor Henrique passou por uma longa "noite escura" e severa crise, narrada com humildade neste livro. Educado desde a infância em uma igreja batista de viés mais conservador, foi se transformando aos poucos e, na medida em que entrava no mundo dos pobres, via seus direitos pisoteados e se dava conta de que não se tiravam as consequências da prática humanitária do Jesus histórico.

Superada a crise, fundou a Igreja Batista do Caminho, que se caracteriza por um profundo resgate da gesta de Jesus de Nazaré como a gente, Jesus gente que pouco tem a ver com o Jesus adorado pelas principais igrejas: um Jesus Deus, cercado de pompa e glória como convém a um Deus. Sem negar que seja Deus, acaba-se esquecendo o que é específico da fé cristã tão bem formulada por São Paulo na Epístola aos Filipenses: "[...] que, embora sendo Deus, não se mostrou como tal e, por solidariedade, apresentou-se como um simples homem" (Filipenses 2:6-7).

É esse homem, Jesus-gente, que é apresentado nos capítulos deste livro. Precisamos notar que esse Jesus-gente como nós, que andou contando histórias e fazendo o bem a todos nas estradas poeirentas da Palestina, quase não é conhecido. Predomina a dimensão do Jesus-Deus que encobre seu lado de Jesus-gente.

O pastor Henrique revela sólida formação teológica. Ele é conhecedor dos melhores pensadores cristãos e se mostra realmente um mestre da linguagem comunicativa, o que torna fascinante a figura de Jesus. Faz seus os versos de Thiago de Mello em seu poema "Já faz tempo que escolhi": "A luz que me abriu os olhos/ para a dor dos deserdados/ e os feridos de injustiça/ não me permite fechá-los/ nunca mais, enquanto viva". Essa é a opção do pastor Henrique, eu diria, citando o famoso salmo 23: "O bom pastor que nos conduz às campinas verdejantes".

Coerente com essa opção de vida, Henrique assumiu a teologia da libertação, a teologia negra de libertação, a teologia feminina de libertação. De Feurbach tirou a lição de que nossos conceitos de Deus são antropológicos, falam mais do ser humano do que do mistério de Deus, que permanece sempre um mistério, mas um mistério íntimo que nos acompanha a cada passo, "uma presença solidária e participante". Aprendeu de Marx as manipulações que se podem fazer da religião para ser um ópio para o povo em vez de um estímulo de contestação e de libertação. Marx deixou evidente, e o pastor Henrique o diz claramente: o pobre não é um pobre por natureza ou por vontade de Deus; o pobre é feito pobre por relações sociais e políticas de exploração. O pobre é um oprimido que reclama libertação; libertação essa que o pastor Henrique vai beber na prática de Jesus, na tradição do Êxodo, quando Deus escuta o grito do oprimido, deixa sua transcendência e vem para libertar, na tradição dos profetas que sempre criticam o poder dominador, defendem o direito do pobre e escutam os reclamos da viúva.

O livro possui um nítido caráter pedagógico, no sentido de nos fazer voltar à realidade concreta vivida e padecida por Jesus. Ela nos faz pensar e nos desafia até os dias de hoje. Enfaticamente, Henrique afirma: "Jesus foi preso, torturado e executado pelo Império Romano, entregue por líderes religiosos articulados com aquele poder imperial. Três séculos depois, o movimento que Jesus havia criado se tornou a religião oficial do mesmo Império que o matou. Um contrassenso profundo: a mensagem que originalmente nasceu das pessoas oprimidas e periféricas passou a ser interpretada pelos ricos e poderosos". Num outro lugar, ele afirma com razão: "O fato é que o cristianismo se afastou da mensagem do Evangelho de Jesus".

Outro sentido pedagógico do livro consiste na forma como ele lê os textos bíblicos dos dois Testamentos, tomando a sério o texto, mas analisando seu contexto histórico e atualizando seu espírito aos dias de hoje: "a questão não é o que está escrito, mas como se lê", afirma como uma fórmula de interpretação. É aqui que o pastor se transforma em profeta, denunciando a atmosfera de ódio disseminada em nosso país a partir do próprio governo e de algumas igrejas que se transformaram num aparelho de Estado.

Um dos méritos deste livro, que é também da teologia latino-americana de libertação, consiste em conferir centralidade aos pobres e à vida. Se bem repararmos, e isso aparece cristalinamente nas análises que faz, toda a prática de Jesus está ligada aos sofredores e aos que menos vida têm: os cegos, os leprosos, os coxos, os afetados psiquicamente (interpretados no tempo como possuídos pelo demônio); ele come com gente de má fama, conversa com uma mulher tida como herege (samaritana) e até mortos ressuscita. Com isso, o pastor Henrique deseja mostrar a ilimitada amorosidade de Deus-Abba para com todos.

São muitos os aspectos deste livro, mas um, o mais essencial, deve ser exaltado: a centralidade do amor incondicional como a mensagem central do Nazareno: "Para Jesus, a verdade era o amor. Fora do amor não há verdade. O amor é sempre libertador". Aconselho vivamente sua leitura, que nos apresenta um Jesus humano, libertador das consciências oprimidas, que resgata o que há de melhor no ser humano: a possibilidade potente de amar.

1. Devolvendo a Bíblia aos oprimidos

No final de 2012, um pajé me disse que seu povo tinha medo da Bíblia. Lembro como se fosse hoje. Eu havia ido até a Aldeia Maracanã (antigo Museu do Índio), um espaço de memória das culturas indígenas que estava para ser derrubado pela gestão de Sérgio Cabral como governador do Rio de Janeiro. Na lógica de uma cidade voltada para o mercado e para o lucro, que se rende à voracidade da especulação imobiliária, um espaço dedicado à história de nossos povos ancestrais, ali ao lado do estádio do Maracanã (também em permanente processo de elitização), era impensável. O objetivo do governo era construir um estacionamento e vários movimentos sociais se dirigiram para lá com o intuito de manifestar seu apoio à luta dos indígenas. Eu era uma dessas pessoas.

Antes de continuar, é preciso dizer que esse desmonte não era um evento pontual – ele se conectava, e ainda se conecta, a um projeto de sociedade muito específico, a partir do qual o Brasil se fez. Se você parar para pensar, as populações indígenas sempre foram alvo de permanentes ataques e violação de direitos. Afinal, em que situação se encontram hoje? A lógica da colonização europeia, que engendrou uma violência sistêmica contra os indígenas, continua atuando. O modelo de desenvolvimento econômico brasileiro mudou com o passar dos séculos, mas as terras indígenas continuam provocando a ganância de mineradores, garimpeiros e latifundiários. Cabe dizer, a propósito, que até a Constituição de 1988 os indígenas eram considerados incapazes pelas nossas leis. E mesmo com os avanços da Constituinte, em termos de reconhecimento e garantia de direitos, esses povos vivem em constante situação de vulnerabilidade.

E mais: uma cidade pensada como negócio não valoriza a diversidade cultural — nesse sentido, todas as intervenções públicas ignoram ou depreciam a dimensão popular, que inclui uma enorme variedade de corpos, vozes, sentidos e presenças. A cidade passa a ser administrada para clientes e consumidores, não para cidadãos. Esta tem sido a lógica da cidadania brasileira: seletiva e vinculada à capacidade de consumo. Contudo, a renda não é o único marcador que determina o status da nossa cidadania. Existem outros fatores estruturantes, tais como o racismo, o modelo patriarcal, o elitismo e a cis-hetero normatividade, que conformam um projeto de país excludente, antidemocrático, genocida e sistemicamente violento.

Sob esse ponto de vista, muitas pessoas literalmente sobram, incomodam, perturbam a ordem social, impedem o suposto progresso econômico e civilizatório. Sim, porque dignidade humana não se apresenta como fator inconteste e aplicável a toda gente. Determinadas vidas precisam provar seu direito de existir, sua validade. Mas essas vidas não são abstratas. Elas habitam corpos com história, memória, sangue, suor e sonhos. Apontar para a dimensão do corpo se faz necessário porque algumas vidas têm sido vistas como descartáveis, e certos corpos, como elimináveis.

Quando vi um espaço de memória e resistência indígenas prestes a se tornar um estacionamento, pensei o seguinte: isso é reflexo de um país que descarta experiências culturais e corporeidades que não se encaixam no modelo eurocêntrico, colonizador, civilizatório e capitalista. Então, achei importante me juntar aos que se posicionavam contra essa ideia.

Assim que cheguei à Aldeia Maracanã, me uni a uma roda de conversa conduzida por um pajé. Ele falava justamente sobre como a Bíblia, para seu povo, era um símbolo de morte. Senti-me imediatamente desconfortável e constrangido. Na minha vivência, a Bíblia é um testemunho do amor de Deus e de seu compromisso para com a humanidade. Lembrei-me na hora dos tantos momentos de reflexão e abertura para com o próximo que a leitura da Bíblia me propiciou, de cenas da minha infância, quando minha vó e minha mãe liam e me explicavam os textos bíblicos com amor e serenidade. Cresci nesse ambiente e, ao longo dos anos, quantas vezes eu abri a Bíblia para compartilhar mensagens de esperança? Contudo, eu não podia refutar o que o pajé falava; eu não podia universalizar a minha experiência e simplesmente aplicá-la aos demais.

Aliás, nenhuma experiência pode ser universalizada, pois ela está situada em determinado tempo, espaço e lugar social, político e econômico. Ouvir com respeito e genuína consideração a narrativa dos outros é um passo fundamental para superar muros de intolerância e construir pontes de diálogo. Lamento que a reação mais provável de muitos cristãos diante da fala do pajé seria a de imediata reprovação.

Portanto, foi doloroso, mas absolutamente necessário, ouvir e tentar compreender a denúncia que ele fazia. E ela foi o estopim para uma série de indagações que, olhando retrospectivamente, eu tento, de certa forma, responder neste livro.

Por que a minha leitura da Bíblia, que exalta a importância do amor ao próximo, não me levou a identificar que muita gente era alvo de violência em nome da leitura da própria Bíblia?

Por que a leitura bíblica, em determinado momento da minha trajetória, me afastou da dimensão política da sociedade, como se esta não fosse um importante testemunho do Evangelho?

Por que a leitura da Bíblia me indicava que os indígenas deveriam ser "salvos" por meio da evangelização?

Por que a leitura bíblica não ampliou minha consciência política das opressões existentes no mundo, como as que são impetradas, por exemplo, contra o povo negro, as mulheres, os refugiados, os LGBTQIAP+, os pobres?

Na época do meu encontro com o pajé, ainda que a minha compreensão da Bíblia já tivesse caminhado muito ao encontro do compromisso político, eu não pude deixar de me fazer essas provocações. Porque a verdade é que nenhum olhar parte do nada, ele é sempre historicamente construído. Assim é com qualquer leitura da Bíblia.

Para mim, não há como ser cristão num país cujo cristianismo esteve relacionado diretamente a uma colonização racista, patriarcal, elitista e genocida e não sentir desconforto. Precisamos reconhecer que o processo de colonização dos povos indígenas foi sangrento e esteve associado a determinada teologia cristã.

A colonização europeia nas Américas foi calcada, em linhas gerais, na expansão marítima, na acumulação de capital e na utilização de mão de obra escravizada por meio do violento sequestro de milhares de africanos. Tratava-se de um sistema fundado na racialização da humanidade para fins de classificação, hierarquização e domínio, o que fundou uma série de "verdades" baseadas na racionalidade e supremacia do europeu. O que se deu foi a fundação de uma perspectiva de mundo que tomou a cultura branca como o centro civilizatório do mundo — e, assim, todas as outras culturas foram postas à margem, inferiorizadas. O conhecimento que vinha da Europa passou a ser considerado "correto, científico, racional e superior", enquanto toda a produção "de outra origem geográfica foi configurada como inferior e não racional".[1] As consequências disso? Foram muitas, e uma delas foi justamente o silenciamento e a progressiva invisibilidade de outros conhecimentos, culturas e modos de olhar o mundo.

Mesmo em pleno século XXI, esse fundamento epistemológico (forma de conhecer e interpretar a realidade) e civilizacional continua em plena operação. A colonização, como era nos séculos XV e XVI, não existe mais — afinal, o Brasil não é uma colônia de Portugal desde 1822. Contudo, o colonialismo como projeto de sociedade continua a pleno vapor, mas agora com os contornos de um capitalismo neoliberal globalizante.

Proponho, então, uma nova pergunta: Ter um estacionamento no lugar de um centro de memória indígena te incomodaria? Você entende a minha indignação, o que me fez sair da minha casa para me juntar a outras pessoas na luta por essa causa?

Determinada leitura da Bíblia é cúmplice do colonialismo, e seus ecos se estendem por todo o nosso corpo social. Esse jeito de ler a Bíblia ultrapassou o âmbito da "interpretação pessoal" e se entranhou em nosso jeito de ver e viver no mundo. E não é preciso ser religioso ou cristão, ou até conhecer ou ler a Bíblia, para estar imerso nesse caldo e reproduzir esses valores. A indiferença também é um jeito de atuar no mundo e, nesse caso, trata-se de indiferença pela dor do outro. Não devemos nos proteger de também sentir essa dor porque a dor é parte da cura, e o desconforto é necessário para a nossa conversão.

Creio, de coração, que o amor com toda sua ética deveria ser o centro da interpretação bíblica. Este livro não nasceu da minha cabeça de forma isolada, pioneira ou extraordinária, em hipótese alguma. Eu faço parte de uma tradição bíblica e espiritual, bebo nas fontes da teologia da libertação, da teologia negra, da teologia feminista, da ecoteologia, da leitura popular da Bíblia. Tenho muita tranquilidade e alegria em dizer que este livro é mais um esforço de organizar e avançar na interpretação da Bíblia pela perspectiva dos oprimidos. Não é uma novidade nem uma excepcionalidade. Meu olhar é construído e inspirado historicamente. Meu olhar não é propriamente meu, mas derivado desse caldo interpretativo e militante da libertação dos oprimidos. Espero que a leitura deste livro inspire em leitores e leitoras a busca por essas referências históricas. Como sou grato a Deus por Leonardo Boff, Frei Betto, Marcelo Barros, Ivone Gebara, Nancy Cardoso, Odja Barros, Ronilso Pacheco, Felipe dos Anjos, Ana Esther... Como sou grato a Deus por dom Helder Câmara, dom Paulo Evaristo Arns, dom Pedro Casaldaliga, irmã Dorothy...

Peço a Deus que minha voz seja tão somente uma linha de continuidade e coerência com essa tradição e que, assim, possa apontar para esse cristianismo de pés no chão, de fé em Jesus, enraizado nas lutas e esperanças do povo oprimido.

2. A Bíblia é muita coisa ao mesmo tempo

Foi a pastora e teóloga Nancy Cardoso que afirmou que, na América Latina, a Bíblia "é muita coisa ao mesmo tempo". Imposta historicamente, ela "participa da polifonia religiosa e cultural latino-americana de modo conflitivo e marcado por ambiguidades".[1] Essa afirmação tem diferentes significados. Devemos reconhecer que a Bíblia já inspirou atitudes, biografias, comunidades e movimentos compromissados com a libertação dos pobres, o respeito à pluralidade, o cuidado com a Natureza, o enfrentamento aos regimes opressores e ditatoriais. Contudo, também é fundamental reconhecer que a teologia cristã hegemônica é a base de uma estrutura de poder opressora e violenta. Sendo o cristianismo uma religião inicialmente imposta, as marcas de sua violência foram, e são até certo ponto, inevitáveis. Para indígenas e negros, essa é uma verdade inconteste. Segundo o padre Heitor Frisotti:

> A Bíblia é uma ferida, porque não foi neutra. No período colonial, foi chamada como testemunho de que Deus estava ao lado do rei, do senhor de escravos, do rico, do bispo, do branco, do homem. Uma ferida, e uma ferida mortal, que procurou matar a liberdade,

> a dignidade, a fé e a identidade do povo negro [...] foi usada para legitimar a condição de sofrimento do negro e maldizer sua raça. O texto mais usado foi o de Gênesis 9:18-27, onde se identificavam os africanos com os malditos filhos de Cam.[2]

Para mim, uma simples frase basta para que a consciência cristã seja confrontada: o cristianismo institucional legitimou a escravidão. É muito provável que houvesse nas paredes das casas-grandes uma cruz fixada e, sobre um móvel, em alguma sala, uma Bíblia aberta. Temos aí fé em Jesus, devoção bíblica e escravização do povo negro num alinhamento harmônico sem qualquer constrangimento ou crise de consciência.

É importante que tentemos concretizar a imagem da escravidão em nossa mente para, de maneira reverente e respeitosa, buscar algum nível de conexão com aqueles corpos. Porque conceitos são formas de tentar captar o movimento da realidade e a realidade é composta de gente real. Nunca podemos perder essa dimensão humana absolutamente corporal. Escravidão significava ausência de liberdade, ameaça constante de morte, chicotadas e balas, distanciamento da família e de amigos, torturas, estupros, assassinatos. O que significa ser tirado à força de sua terra, ser afastado de sua família, trabalhar sob o jugo da ameaça, ter as costas sangrando pelo chicote, ver amigos sendo torturados, ser torturado? O que significa nascer, crescer e morrer sem liberdade? O que significa ter o corpo selecionado para o açoite e para a morte? O que significa ter suas crenças desrespeitadas? O que significa morrer em vida? E essa realidade de sofrimento ancorava suas bases em escolhas e pensamentos econômicos, políticos, culturais, religiosos e... bíblicos.

Como afirma o pastor e teólogo Ronilso Pacheco:

> Porque toda história de escravidão, opressão e domínio da população negra ao longo da história não seria absolutamente a mesma sem a conivência e participação da Igreja. Na história das colonizações, os negros, para aliviar o peso da escravidão; os negros vencidos, capturados no continente africano, precisavam ser batizados ao serem jogados nas embarcações que os levariam aos destinos coloniais.[3]

A humanidade do negro estava condicionada ao batismo, entendido então como um sacramento de inclusão. Significava uma promessa de céu depois da morte, sem considerar o inferno antes dela. O batismo como meio de acesso ao Reino de Deus é como se o negro recebesse a dádiva e a liberdade de ser escravizado para o seu próprio bem.

Toda essa discussão em torno da leitura bíblica não pode prescindir de algumas considerações fundamentais a respeito do contexto social do pensamento humano. Concordo com a afirmação de James Cone: "Porque a teologia cristã é discurso humano sobre Deus, ela está sempre relacionada com situações históricas, e assim todas as suas asserções são culturalmente limitadas".[4]

Deus é eterno e universal, mas nossa percepção, nossa narrativa e nossa fala a respeito dele são condicionadas e historicamente construídas. Lembro-me de que certa vez uma pessoa próxima me fez a seguinte pergunta: Como é possível pensarmos de forma tão diferente se lemos a mesma Bíblia? Era uma pessoa ultraconservadora, que não reconhece que existem interpretações diferentes do texto bíblico. Mas como ignorar essa diversidade de leituras e interpretações se elas existem dentro da própria história do cristianismo? No caso do protestantismo, por exemplo, isso fica evidente pela variedade de denominações e igrejas existentes. No contexto daquela conversa, eu procurei trazer à baila todas essas considerações, mas não houve espaço — minha posição já tinha sido enquadrada como desviante, errada e herética. Quando supostamente uma pessoa fala em nome de Deus e a outra não, o diálogo é impossível.

Toda leitura é uma interpretação – porque leitores e leitoras não absorvem passivamente o que leem – e toda interpretação é influenciada por condicionantes históricos. Quantos ambientes marcados por uma perspectiva fundamentalista não sufocam o pensamento crítico sobre textos bíblicos? Há uma perda de potência, de inventividade e de individualidade na vivência religiosa que só reproduz verdades inquestionáveis à luz de uma doutrina que não se reconhece histórica e passível de mudança. A despeito do que muitos pensam, não há uma história única do cristianismo.

3. Paisagens distorcidas

Como diz Leonardo Boff, "o fundamentalista está convencido de que sua verdade é a única e que todas as demais são desviantes e fora da verdade".[1] O fundamentalismo como forma de vivenciar a religiosidade sufoca a possibilidade do convívio, da abertura ao outro, da disponibilidade à diferença, da celebração do encontro. Trata-se de um mecanismo religioso de permanente reprodução de verdades e conservação a priori de um modo de ser, pensar e existir no mundo, modo este compreendido como correto, imutável e universal e, consequentemente, definindo os outros como errados, desviantes.

Desse modo, o fundamentalismo semeia intolerância e abre espaço para a reprodução intencional ou automática de diversas formas de preconceito e discriminação. O preconceito define quem é o outro sem que esse outro possa falar a respeito de si mesmo. A discriminação ocorre numa relação de poder em que alguém, em condição de vantagem social, discrimina outro alguém em condição de vulnerabilidade (desvantagem social). Poder e vulnerabilidade aparecem como construções históricas que se dão necessariamente nas relações sociais.

Certa vez, fui dar uma palestra sobre intolerância religiosa para estudantes do ensino fundamental de uma escola no município do Rio de Janeiro. Logo no início, perguntei aos pré-adolescentes se eles tinham algum medo relacionado à religião ou a alguma religião específica. Uma parte significativa respondeu que tinha medo da umbanda e do candomblé. Perguntei de onde eles tinham tirado aquela ideia. Curiosamente, a maioria não sabia dizer a origem e a razão daquele medo — eram simplesmente "religiões do mal" ou "para fazer o mal".

Aqueles estudantes não conheciam a umbanda e o candomblé. Fruto de um imaginário social racista, o preconceito estava interiorizado naquelas crianças, criando emoções nelas. Tratava-se, portanto, de um medo real ativado por um preconceito derivado do racismo e que, na prática, estimulava ações de discriminação. E por que racismo? Porque são as religiões de matriz africana que recebem o estigma daquilo que é "do mal" e que, portanto, precisam ser "repreendidas em nome de Jesus". Reparem como tudo o que possui relação direta ou indireta com o continente africano acaba ganhando um contorno exótico, folclórico, espetacular, estranho, demoníaco, inferior, dependendo da situação.

Tal formulação nunca é feita como uma suposição, mas como uma verdade cristalizada e hipoteticamente baseada em motivos reais. O fundamentalismo atravessado pelo racismo é um falso testemunho permanente. "Não dirás falso testemunho contra teu próximo" é um dos dez mandamentos dados ao povo hebreu. Vale lembrar que essas instruções foram elaboradas por uma comunidade exílica, isto é, que havia rompido com a escravidão no Egito e que buscava se restabelecer. Eram peregrinos, caminhantes e cambiantes que recebiam instruções para a nova vida em comunidade. Como afirma o pastor e teólogo Edson Fernando: "Por isso essas instruções para a vida visavam muito especialmente os direitos dos marginalizados, mais do que a proteção das liberdades individuais tão próprias das leituras que fazemos do Decálogo, nesses nossos tempos".[2]

Esse mandamento tem muita força para um povo exilado. O próprio Edson Fernando elucida a questão:

> Havia uma disputa legal. Ela se realizava perante um grupo de vizinhos em seu dever de ouvir as duas partes e emitir uma sentença, indicando a pena a ser aplicada ao culpado. Falso testemunho era grave ofensa não só à vítima falsamente acusada, mas também à própria corte de vizinhos respeitados e à própria comunidade em seu conjunto.[3]

Um testemunho falso inviabiliza a vida comunitária, distorce seus mecanismos de justiça e de defesa dos mais vulneráveis. Na comunidade exílica, Deus não é um conceito abstrato ou uma ideia fora da história, mas um permanente "acontecer". Ele agia pelas mãos e ações do povo. Então, amar o próximo tem como consequência a busca de seu bem viver, e essa busca implica não enunciar sobre o outro aquilo que não é verdade e que, na prática, leva-o a uma condenação injusta. Ser fiel a Deus (o Grande Outro) é compreender e amar os outros. Edson Fernando arremata dizendo que "lá onde o Grande Outro é afirmado, afirma-se, por consequência, a alteridade de todos os outros".[4]

O fundamentalismo impossibilita práticas de respeito à diversidade, pois projeta uma imagem falsa sobre o outro sem que esse outro possa falar por si. O infiel é uma invenção do fiel; o negro é uma invenção do branco; o perdido é uma invenção do salvo; a umbanda e o candomblé são invenções do cristianismo. Eu poderia ter dado exemplos mais drásticos, como mães e pais de santo perseguidos e ameaçados ou terreiros invadidos "em nome de Jesus", mas quis falar sobre como o fundamentalismo e o racismo influenciam o imaginário infantil, que é a base de tudo.

O pensamento fundamentalista desconsidera que somos, por definição, seres em permanente relação uns com os outros e com o restante da natureza. Esta se faz em interação e, em interação, a vida se sustenta. A diversidade cultural é parte da riqueza da humanidade. Todas as manifestações humanas e culturais são portadoras de verdade; todas as tradições espirituais são fragmentos da verdade e da disposição amorosa de Deus em se autorrevelar. Concluo com Leonardo Boff:

> A ilusão do Ocidente, dos Estados Unidos, da Europa é de imaginarem que a única janela que dá acesso à verdade, à religião verdadeira, à autêntica cultura e ao saber crítico é o seu modo de ver e de viver. As demais janelas mostram paisagens distorcidas.[5]

Deixo, então, a seguinte reflexão para vocês: Não valeria a pena alargarmos nossos olhares e percepções sobre o outro para que, cada vez mais, essas paisagens fiquem menos distorcidas?

4. A questão não é o que está escrito, mas como se lê

E eis que um legalista se levantou e disse para experimentá-lo:

– Mestre, que farei para herdar a vida eterna?

Ele disse:

– Que está escrito na Lei? Como lês?

Ele, então, respondeu:

– Amarás o Senhor teu Deus de todo teu coração, de toda a tua alma, com toda a tua força e de todo o teu entendimento; e a teu próximo como a ti mesmo.

Jesus disse:

– Respondeste corretamente: faze isto e viverás.

Ele, porém, querendo se justificar, disse a Jesus:

– E quem é meu próximo?

Nesse trecho do Evangelho de Lucas (10:25-9), um especialista na lei se aproxima de Jesus para colocá-lo à prova. Para mim, ele não quer promover um diálogo genuíno. Vejam que ele pergunta o que deve fazer para herdar a vida eterna e Jesus responde com duas outras perguntas: "O que está escrito na lei e como você lê o que está escrito?". Esse é o ponto fundamental.

Não basta saber o que está escrito, é preciso reconhecer e identificar a forma como a leitura é feita, qual é a abordagem e o processo interpretativo. Só essa pressuposição já derruba a barreira do "está escrito" como argumento de autoridade. Em nome do "está escrito", muitos textos são retirados de seu contexto e utilizados como pretexto para controle de comportamentos e reprodução de diversos mecanismos de opressão. O literalismo bíblico tem cheiro de violência.

Eu entendo que para nós, cristãos, a Bíblia é o testemunho do amor de Deus em palavras humanas, o que necessariamente implica construção social, histórica e cultural. Os autores e as autoras da Bíblia não são fantasmas pairando sobre a história, eles estão completamente submersos em seu mundo e falam a partir de seu lugar social. No limite, o literalismo é uma violência da tradição e do contexto histórico da Bíblia. Foi no conflito dos dramas humanos e nas tramas sociais que a Revelação de Deus ocorreu. A leitura colonizadora da Bíblia silencia sua dimensão histórica, apaga seus corpos, suas tensões, seus conflitos, suas disputas. A leitura colonizadora transforma a Bíblia num manual de comportamento conservador orientada para o tempo pós-morte.

Muitas vezes, em nome de uma suposta fidelidade ao texto bíblico (identificada como fidelidade a Deus), violências são cometidas ou assentidas. Se "salva o texto" enquanto se oprimem corpos. Em nome da lei religiosa se mata o espírito. Em nome da letra se esfria a sensibilidade e se asfixiam possibilidades. Nenhum ser humano pode ser normatizado por um texto. Somos vulcões de possibilidades e potencialidades, raridades impressas e construídas na história e atravessadas por desejos. A vida é oceânica demais para caber numa doutrina petrificada no tempo.

Não considero que a Bíblia se preste à neutralidade – ela, em si mesma, está atravessada por tensões políticas. Não considero que a espiritualidade da Bíblia aponte para um céu desconexo dos dramas da terra e para almas desconectadas das aflições do corpo. É preciso aprofundar esse olhar sobre a Bíblia.

Por isso a pergunta de Jesus é tão importante, pois não basta citar o texto, mas articulá-lo com a realidade da vida. Jesus identificou que, em muitos momentos, a lei religiosa se tornava instrumento de alienação do próprio sentido de Deus na história. Jesus tinha referência nos textos, mas os interpretava para a vida. E aqui o conceito "vida" não é abstrato ou genérico, mas especialmente materializado, corporificado e encarnado na experiência dos pobres e oprimidos.

A maneira pela qual Jesus interpretou um conjunto de ensinamentos aponta para a experiência dos oprimidos como o ponto de partida para a interpretação. Acredito que esse seja um parâmetro basilar da fé cristã. O restante desse texto do Evangelho de Lucas é simbólico e indicativo dos compromissos de vida de Jesus.

Jesus parabenizou o especialista na lei pela retidão de sua resposta, afinal, o resumo da lei é amar a Deus e amar ao próximo. Contudo, o legalista não se deu por satisfeito e perguntou a Jesus quem era o próximo a quem ele deveria amar. A experiência religiosa daquele homem pressupunha ter de definir quem era digno de seu amor. Havia um pressuposto de exclusão e seletividade na sua interpretação dos textos. Pergunto: quantas experiências religiosas ainda hoje não carregam a marca da arrogância, da prepotência, em que se selecionam aqueles que são dignos de amor e aqueles que são dignos de condenação?

Jesus, então, lhe contou uma história. A propósito, essa forma de Jesus ver, sentir e traduzir Deus para nós é maravilhosa. Jesus era um contador de histórias. Não é magnífico? Ele não tinha um manual pronto, com respostas para tudo. Ele não incentivava uma obediência acrítica, irrefletida e mecânica. Ele contava histórias a partir do cotidiano, das experiências comuns, especialmente do povo pobre. Histórias alimentam a imaginação, chamam as pessoas para a responsabilidade de interpretar, discernir e decidir. Contar histórias tem a ver com uma forma de ensino, mas também com uma concepção de espiritualidade. Uma espiritualidade que conversa com os dramas humanos, abre espaço ao sonho e à imaginação, alimenta utopias, produz arte. O contador de histórias confronta quem se julga dono da verdade. O contador de histórias lê o texto escrito no papel e aquele que está impresso no corpo e nas vivências das pessoas. O fundamentalismo religioso ruiria com uma boa dose de contação de histórias!

A história que Jesus conta fala de um homem que ia de Jerusalém para Jericó e, no meio do caminho, é surpreendido por assaltantes. Ele é roubado, espancado e fica caído no chão, quase morto. Então, um sacerdote (homem do Templo) passa por ali. Ele vê o homem caído, mas não para. Depois, passa um levita (também referência de religiosidade, pois era alguém que praticava serviços litúrgicos no Templo), que também vê o homem, mas segue seu caminho. Por fim, vem um samaritano (odiado pelos judeus em função de uma rivalidade histórica de fundamentação étnico-racial-religiosa).

Antes de concluir a história, gosto de imaginar a reação do especialista ouvindo Jesus. Ele deve ter pensado: "Bem, se o sacerdote e o levita não prestaram socorro, o samaritano deve ter matado o homem de vez". Isso não está no texto, mas é algo crível, pois segundo a visão construída a respeito dos samaritanos não fazia sentido esperar quaisquer boas atitudes deles: eram vistos como pagãos, promíscuos do ponto de vista religioso e moral. Trazendo para os dias de hoje, seria como se o samaritano fosse uma travesti, ou seja, uma pessoa cujo imaginário social fundamentalista não identifica qualidades morais e éticas.

Pois bem, voltando à história e ao samaritano que passava: ele viu o homem e, movido de compaixão, aproximou-se e cuidou de suas feridas derramando sobre elas óleo e vinho; depois o colocou em seu próprio animal, conduziu-o a uma hospedaria e lhe forneceu todos os cuidados necessários até a hora do descanso; voltou no dia seguinte, pagou a diária da hospedaria e ainda disse que cobriria qualquer gasto a mais. Imagine só a reação do especialista!

Antes, registrem a qualidade do envolvimento do samaritano. Não se tratou de uma ajuda distante, impessoal e fria, mas visceral, comprometida, efetiva, afetiva e prática. Permito-me pensar numa solidariedade emancipadora que, para além de sua dimensão caritativa, busca que o próximo (até então alvo de violência e injustiça) retome para si todo o potencial e protagonismo de sua vida. Não vejo uma ação verticalizada, feita para salvar a própria consciência de quem se dispõe a ajudar, porque isso o colonialismo fundamentalista até consegue fazer, mas vejo uma horizontalidade que coloca dois sujeitos em pé de igualdade, em que um se propõe a amenizar o sofrimento e reparar as injustiças que se abateram sobre o outro. O colonialismo inclui para dominar – lembram-se do batismo dos negros antes de serem jogados no inferno da escravidão? –, mas a atitude do samaritano desestabiliza normas porque vai além do protocolo básico.

Essa foi a história contada por Jesus para um especialista da lei que julgava quem era digno de sua compaixão.

Depois de contá-la, Jesus ainda pergunta: "Qual dos três, em sua opinião, é 'o próximo' do homem que sofreu o assalto?". Repare no deslocamento que Jesus provoca. A pergunta do especialista foi: "E quem é *meu* próximo?", mas Jesus faz com que ele perceba que nós é que precisamos nos fazer próximos. O especialista responde: "O próximo foi o que usou de misericórdia"

(Lucas 10:37). Usar de misericórdia significa permitir que a dor do outro penetre em nosso mundo.

O curioso é que toda essa conversa se originou de uma questão teológica sobre os ensinamentos bíblicos. Jesus não permitiu que a conversa caísse no vazio. O samaritano se torna exemplo e modelo de compreensão da vida. O corpo subalternizado pelo legalismo religioso se torna critério de amor. Jesus é apaixonante e genial.

A abordagem apresentada nesse texto — que não é coisa da minha cabeça, mas fruto dessa tradição popular e libertadora de leitura da Bíblia — reconhece que toda leitura é parcial, interessada, influenciada e influenciadora. Não há leitura que parta de um lugar neutro e objetivo. Dessa forma, voltando ao contexto social do pensamento religioso, da percepção sobre Deus e da leitura da Bíblia, será que tudo é relativo e válido, então? Em outras palavras: Se todo ponto de vista é a vista de um ponto, então todo ponto de vista é válido?

5. A Bíblia no chão da história

James Cone, no livro *Deus dos oprimidos*, demonstra a importância de Ludwig Feuerbach, Karl Marx e da sociologia do conhecimento para a teologia, isto é, para os discursos humanos a respeito de Deus. Feuerbach formulou a percepção de que a chave para a compreensão do real não está em abstrações filosóficas, mas na concretude da vida; ou seja, as ideias não têm origem em si mesmas, elas sempre derivam da realidade. Nesse sentido, o conceito de Deus é sempre uma projeção humana.

> Se Deus fosse um objeto como um pássaro, seria um ser alado, nada mais alegre do que a condição de ser alado [...]. Tais como são o pensamento e a índole de um homem, assim é o seu Deus; tanto valor quanto tem um homem, tanto, e não mais, tem o seu Deus. Consciência de Deus é autoconsciência. Conhecimento de Deus é autoconhecimento.[1]

Acredito que essa afirmação precisa ser considerada na nossa reflexão sobre os sentidos da fé. Há algo de irrefutável na compreensão de Feuerbach e que aponta para o fato de que toda fala a respeito de Deus não pode ser separada de uma cultura e de um lugar na história. Existe parcialidade, subjetividade, atravessamento histórico, interesse social tanto nos textos da Bíblia quanto nos olhos de quem lê. Segundo James Cone, a teologia é um discurso subjetivo sobre Deus, "um discurso que nos conta mais acerca das esperanças e sonhos de certas pessoas que falam a respeito de Deus do que acerca do Fabricante e Criador dos céus e da Terra".[2]

Sou um homem religioso, mas essa afirmação não me gera espanto nem desencanto, ou mesmo me leva a concluir que Deus é somente uma criação da mente humana. Eu faço apostas de fé ciente de que são apostas de fé, e realmente creio que Deus existe para além da minha vontade ou das minhas projeções. Contudo, é libertador desamarrar o conceito de Deus de categorias que pretendem reduzi-lo a um lugar neutro, imparcial e imutável. Eu também quero estender o conceito de teologia para além das definições acadêmicas e eurocêntricas. A afirmação de Feuerbach não me parece útil apenas para ser debatida nos seminários ou por teólogos profissionais, mas por cada pessoa que cultiva uma fé religiosa. Em qualquer lugar do mundo, todo pensamento religioso tem um fundo histórico e dele não podemos escapar por completo. Não se trata do fim da transcendência, mas de humildade para experimentá-la.

E não basta registrar que toda religião é antropológica, ou seja, construída culturalmente. Parece-me relevante registrar a importância de Karl Marx para o tema. Marx diz que as ideias são um produto social e uma expressão das relações materiais existentes na sociedade em dado momento histórico. Significa dizer que as classes dominantes, do ponto de vista material, também conseguem os meios para que suas ideias sejam as dominantes e apareçam como universais. Como diz Marx e Engels: as ideias dominantes "não são nada mais do que a expressão ideal das relações materiais dominantes" de cada época.[3]

Em outras palavras, Marx aponta para a relação material que há entre opressores e oprimidos e como as ideias dominantes refletem os interesses dos opressores – isso porque eles dominam a produção de ideias, regulam sua distribuição e ditam o que é importante. Evidentemente, o pensamento religioso não é uma bolha capaz de escapar dessa lógica; portanto, o pensamento religioso dominante tende a refletir os interesses das classes dominantes. Dentro dessa perspectiva, ela usa o pensamento religioso para justificar as relações materiais da sociedade, e a religião, assim, se torna um instrumento de alienação e passividade política. Os oprimidos tendem a projetar sua esperança religiosa no futuro pós-morte, esquecendo o poder da ação revolucionária no tempo presente. Tal aceitação da estrutura de opressão por motivações religiosas também pode ocorrer pela adesão às categorias dominantes na sociedade. Por exemplo, a teologia da prosperidade – com seus pressupostos meritocráticos, individualistas e consumistas – fundamenta sua base teológica na ideia da retribuição, ancorando-se em determinados textos bíblicos. Edson Fernando explica melhor o que seria essa teologia da retribuição:

> No mundo religioso, uma dessas ideias que nos tiram o foco do divino é a teologia da retribuição. Deus recompensa os bons com o bem e os maus com o mal [...]. Ela resiste, ela é estrutural, ela tem ares de verdade. Ela se encaixa na pretensão humana de todos os tempos: de querer ter controle sobre o Sagrado, reduzindo-o a um ente domesticado. Ela se faz presente hoje sob novo rótulo: teologia da prosperidade.[4]

Na lógica da teologia da prosperidade, andar corretamente com Deus significa sucesso material e enriquecimento individual. Sendo assim, a pobreza e a miséria são vistas como questões de ordem religiosa e espiritual, não como fruto de um modelo de sociedade excludente e injusto que funciona pela apropriação privada (por poucos) da riqueza produzida pelo trabalho do conjunto da população. Ser rico se torna uma virtude espiritual e poucas coisas me parecem tão contrárias aos ensinamentos de Jesus e à tradição bíblica. O fato é que seja pela espera de um pós-morte glorioso ou pela promessa de enriquecimento material aqui na Terra, o pensamento religioso ganha contornos de aceitação e reprodução da ordem presente. O pensamento de Marx propõe interessantes desafios para nossa reflexão sobre Deus e a leitura bíblica, não é mesmo?

Marx também percebeu o caráter dialético do pensamento, isto é, que as ideias partem da realidade material, mas podem experimentar certo nível de liberdade, espontaneidade e criatividade. Em outras palavras, as ideias partem da realidade, mas, numa via inversa, podem também incidir sobre ela.

Dialogo profundamente com o pensamento marxista e reconheço a importância de seus pressupostos, categorias de análise e de ação política para transformação da realidade. Encanto-me, especialmente, com seu convite para construirmos uma sociedade sem opressão econômica, social e política. Não basta interpretar o mundo, é preciso transformá-lo. Contudo, no meu caso, a revelação bíblica e o testemunho de Jesus me fizeram esse convite antes, porque me mostraram Deus agindo em favor dos oprimidos com o objetivo de sua plena libertação. A espiritualidade bíblica me oferece o impulso e o horizonte, a decisão ética de compromisso com os oprimidos, assim como me indica a experiência dos oprimidos como critério de interpretação da

Bíblia e do discernimento dos sinais de Deus no mundo. Como disse anteriormente, sou filho e fruto da teologia da libertação; sou parte dessa linda tradição de fé e engajamento. O pensamento marxista, especialmente o latino-americano e ecossocialista, me ajuda no entendimento do significado do capitalismo e da necessidade de sua superação.

É preciso considerar que as opressões não resultam apenas da dimensão de classe do ponto de vista econômico, mas que existem outros elementos estruturantes de opressão profundamente vinculados ao colonialismo e à modernidade, a saber: o racismo estrutural e a ordem patriarcal.

É preciso perceber as intersecções entre classe, raça e gênero. A classificação racial da humanidade se deu para fins de domínio e opressão, e o patriarcado, sistema que coloca o homem no topo da hierarquia social e como parâmetro de autoridade e poder, também atravessa o pensamento religioso, a leitura e a interpretação da Bíblia.

Reconheço que a paisagem reveladora de Deus para mim é determinada pela janela através da qual eu a vejo. Entendo que essa janela é definida pelo contexto histórico, político, econômico e cultural no qual estou inserido. Admito que a verdade a respeito de Deus não é passível de domesticação ou monopólio de uma doutrina. Disponho-me ao diálogo inter-religioso como princípio e método para ampliação da minha percepção espiritual e da minha experiência de Deus.

Vejo na trama bíblica a Palavra se descortinando nos dramas da humanidade, mas identifico que a leitura hegemônica da Bíblia tem se dado por categorias colonizadoras que contradizem o próprio chão da Bíblia. Reivindico que o Deus da Bíblia não é uma ideia a ser assentida ou uma doutrina, mas é Deus eterno e histórico e que na história se faz conhecer por seu amor pela humanidade e seu compromisso com os oprimidos. Identifico que esse amor prova sua validade e universalidade. E não se trata de universalidade neutra e imparcial diante das injustiças da história. Jesus de Nazaré ofereceu a chave para que a experiência religiosa não caísse em repetições acríticas de textos, servindo à alienação da consciência. Com sua simplicidade revolucionária de contador de histórias, Jesus teve liberdade para olhar para o texto e filtrá-lo de acordo com o curso da vida. A leitura colonizadora da Bíblia tira dela seu chão histórico e assim trai sua potencialidade reveladora. O medo de questionar o texto se traduz como medo de encontrar o próprio Deus que nos convoca a permanentes reinvenções.

Admito a seguinte questão: se toda percepção sobre Deus é um discurso humano sobre Deus, então como discernir o que é projeção humana e o que é, de fato, Deus? É preciso reconhecer que todo exercício de fé se trata de uma aposta, uma experiência, uma aventura em que tateamos o Sagrado no escuro.

Para mim, considerando a tradição bíblica e a trajetória de Jesus de Nazaré, a experiência dos oprimidos é a maneira mais segura de captar o movimento de Deus na história, eu assim aprendi com a teologia da libertação e a teologia negra. Creio que essa é uma verdade bíblica! A teologia colonial e colonizadora está errada porque sua subjetividade e seu quadro de significados contradizem o testemunho central da Bíblia enquanto manifestação da vontade de Deus de realizar plenamente a humanidade.

Nesse ponto, gostaria de retomar o percurso feito por James Cone no livro *Deus dos oprimidos*, um clássico cuja leitura indico fortemente, que parte das pressuposições de Feuerbach, Marx e da sociologia do conhecimento como um todo para chegar a dois conceitos importantes: ideologia e determinação social do pensamento.

Ideologia seria a determinação psicológica das ideias, o pensamento falso ou distorcido, a verdade sendo definida a partir do desejo a respeito daquilo que ela deveria ser. O pensamento ideológico é a projeção do interesse subjetivo como verdade absoluta. Aquilo que desejo ser verdade se torna verdade. O pensamento deformado tomado como real tem relação tanto com o interesse subjetivo quanto com o social a priori do próprio pensamento, isto é, a determinação social do pensamento impedindo que outras percepções sejam consideradas. A ideologia nos impediria de perceber o estreito vínculo entre poder econômico e poder político.

A determinação social do pensamento é justamente o social a priori a partir do qual o pensamento emerge. Nenhum pensamento surge do nada, mas de um contexto social específico, e esse contexto oferece as bases e o sistema de significado do próprio pensamento. Em palavras muito resumidas: a cabeça pensa a partir de onde os pés pisam, como certa vez ouvi Frei Betto explicar.

Então, ideologia é o pensamento deformado projetando o desejo subjetivo como verdade e determinação social do pensamento é o lugar concreto a partir do qual o pensamento surge. É justamente nesse ponto que se torna possível fazer a relação desses conceitos com a revelação bíblica. James Cone oferece algumas perguntas centrais:

> Qual é a verdade da revelação bíblica? Como a verdade divina é ligada com o social a priori das Escrituras? Qual é a conexão do social a priori dos opressores e dos oprimidos quando os seus processos de pensamento são relacionados com a verdade da revelação bíblica?[5]

O próprio James Cone afirma que a revelação bíblica parte do social a priori dos oprimidos e eu creio firmemente nisso. Foi a partir da consciência de comunidades oprimidas que Deus se revelou na história. A história bíblica é a história do Deus que ouve o grito de um povo oprimido e desce para libertá-lo. Durante a caminhada desse povo, Deus anuncia a esperança, concretizada na vida de Jesus.

Resumidamente, como bem diz dom Pedro Casaldáliga, em Jesus Deus se fez carne e se fez classe.[6] Isso significa que ao se revelar na história, Deus assumiu a experiência de vida dos pobres e oprimidos. Sendo assim, toda interpretação da Bíblia que não vê a libertação dos oprimidos como algo central na revelação de Deus é uma interpretação que contradiz o próprio chão da Bíblia. James Cone afirma que é ideologia contar a história da Bíblia se esquecendo dos pobres. É se esquecer do Êxodo, dos profetas e do próprio Jesus. A leitura colonizadora da Bíblia parte de categorias que excluem seus personagens fundamentais – projeta um céu abstrato para almas sem corpo definido.

O próprio Jesus enfrentou esse sistema que definia a verdade de Deus a partir de leis rituais interpretadas de acordo com especialistas da religião. Mas, como vimos, Jesus contou histórias, formulou perguntas, deu asas à imaginação, comoveu-se diante da dor dos que sofriam. Ele não viu a verdade de Deus cristalizada num texto cuja interpretação era restrita a especialistas. Jesus viu Deus deitado, espancado, quase morto na beira do caminho. A verdade de sua palavra não é uma especulação abstrata, mas um compromisso ético com a humanidade que sofre. É nesse ponto que filtro minhas projeções e converso com o Deus de Jesus que, para mim, é o próprio Jesus!

É preciso ressaltar que pelos mecanismos ideológicos e pela força da produção intelectual das classes dominantes, muitas vezes os pobres e os oprimidos interiorizam categorias de opressão. A realidade é sempre complexa e, em certo sentido, não categorizável.

Faço parte da tradição que entende que o caminho para a leitura da Bíblia é a polifonia popular gestada numa caminhada comunitária. Descolonizar a teologia e o cristianismo não é oferecer respostas prontas e acabadas. O objetivo não é se tornar o opressor da vez, mas acabar com as estruturas de opressão. A questão é admitir com honestidade o lugar de onde se parte, a trajetória que se propõe e o objetivo que se almeja. O lugar mais confiável para ler a Bíblia é a experiência dos oprimidos; a trajetória é estar em comunidade; o objetivo é a plena libertação da humanidade de todos os mecanismos de opressão – "venha o teu Reino, seja feita a tua vontade na terra, como no céu" (Mt 6:10).

Como afirma Nancy Cardoso, "A pluralidade de falas não deve ser vista como obstáculo à objetividade da reflexão, mas como matéria-prima fundamental para produção de um conhecimento do real que reconhece o tecido social como malha de complexas relações".[7]

É no encontro de muitas vozes que podemos romper a barreira do regime único de pensamento que se pretende universal e abrir caminho para as vozes periféricas que assumem a tarefa de emitir, com coragem e humildade, suas declarações a respeito de Deus. E essa declaração polifônica ganha mais sentido no fazer comunitário de novas relações apontando para outro mundo possível. É de uma beleza estonteante ver a narrativa bíblica como fomentadora de quebra de opressões, abrindo caminhos nas histórias pessoais e coletivas para uma vida mais plena e abundante. Trata-se de um saber-fazer que quebra hierarquias, emancipa individualidades e nos abre para o futuro de Deus na história.

6. Deus ouve o grito dos oprimidos

O Êxodo se constitui como uma memória fundamental do Antigo Testamento e de toda a tradição bíblica. Mais do que um acontecimento pontual, trata-se de um paradigma, um parâmetro, um referencial sobre a revelação de um Deus que ouve o grito dos oprimidos e age na história para libertá-los. "O Êxodo foi o evento decisivo da história de Israel, porque, através dele, Iahweh se revelou como o Salvador de um povo oprimido."[1]

O povo de Israel havia entrado no Egito por meio de José, filho de Jacó, e ali se instalou e cresceu. Diz assim o texto bíblico:

> *Depois José morreu, bem como todos os seus irmãos e toda aquela geração. Os israelitas foram fecundos e se multiplicaram; tornaram-se cada vez mais numerosos e poderosos, a tal ponto que o país ficou repleto deles.* (Êx 1:6-7)

Mas ascendeu ao poder um rei que não conhecia José, e ele ficou preocupado com o crescimento do povo israelita em terra egípcia. Então, o rei adotou medidas para conter o povo hebreu, impondo sobre ele o jugo do trabalho duro e da escravidão.

Reparem nessa dinâmica de poder: o rei oprime, busca se autopreservar, não abre espaço para a inclusão e nem para o convívio com a diversidade. O medo do crescimento do povo hebreu justificava, na lógica do poder que oprime, medidas de violência e de contenção. Em vez da partilha de poder, sua contínua concentração; em vez de mecanismos de integração, a estigmatização. O povo hebreu só poderia fazer parte da sociedade egípcia num *status* de inferioridade. Era necessário controlar seus corpos, definir seus territórios, vigiar seus comportamentos, inibir suas revoltas, usar da violência como mecanismo punitivo para qualquer desobediência, explorar sua força de trabalho para o contínuo enriquecimento das elites e do Estado.

Instala-se então uma cultura de permanente guerra, alimentada pela imagem do hebreu como o inimigo que poderia se insurgir a qualquer momento, justificando assim medidas de violência para manutenção da ordem social, política e econômica. Vejam o que diz o texto bíblico:

> *Vinde, tomemos sábias medidas* [disse o faraó] *para impedir que ele* [povo hebreu] *cresça; pois do contrário, em caso de guerra, aumentará o número dos nossos adversários e combaterá contra nós, para depois sair do país.* (Êx 1:10)

A expressão "sábias medidas" aponta para a racionalidade dessa decisão de conter o crescimento e a influência de um povo. A violência, a exploração sobre o trabalho e as punições severas não eram excepcionalidades nem mecanismos de exceção, mas regras de organização política.

Apesar de todo regime de opressão, o povo hebreu continuava a crescer. E quanto mais crescia, mais o poder do Estado se tornava opressor.

Mas, quanto mais os oprimiam, tanto mais se multiplicavam e cresciam, o que fez temer os israelitas. Os egípcios obrigavam os israelitas ao trabalho, e tornaram-lhes amarga a vida com duros trabalhos: a preparação de argila, a fabricação de tijolos, vários trabalhos nos campos, e toda espécie de trabalhos aos quais os obrigavam. (Êx 1:12-4)

Impossível não fazer um paralelo da vida do povo hebreu com o povo pobre e trabalhador do nosso país. Como não estabelecer conexões? Nos dois casos, são corpos que sobrevivem a longas jornadas de trabalho, vivem no limite da sobrevivência, produzem uma riqueza que não lhes pertence. Reparem que a intenção dos poderosos era deixar a vida daquele povo amarga. O sofrimento era a garantia de poder e de riquezas das elites. As lágrimas de uma mãe pobre que não tem o que dar de comer aos filhos é a despensa cheia da casa dos ricos. É amarga a vida com o transporte público lotado, a falta de acesso a água potável, a moradia em condições precárias, a fila interminável para uma consulta médica. É amargo o gosto da fome, o fuzil apontado para dentro de casa, a falta de serviços públicos de qualidade. É amarga a falta de perspectiva, o desemprego.

Lembro-me de um documentário que mostrava um menino que, muito jovem, entrou no tráfico ilegal de drogas numa favela. Perguntado se não tinha medo de morrer, ele respondeu: "Se eu morrer, vou descansar, tio". O que significa uma criança relacionar a vida ao cansaço e a morte ao descanso? O que dizer de uma sociedade que faz o julgamento moral desse garoto, mas não faz um julgamento ético sobre a estrutura social que legou esse tipo de vida para tantos meninos? Talvez vocês agora estejam pensando em frases como: "Esse menino não precisava ter entrado no tráfico", "Ele não é uma vítima, pois pode fazer mal a muitas pessoas", "Outros meninos nas mesmas condições sociais não fizeram essa opção". Certamente há uma infinidade de considerações em torno da índole, das intenções e das ações de uma criança com uma arma na mão, mas a maior parte delas nunca avalia sua relação com a estrutura social excludente e desigual do nosso país. Para mim, esse tipo de reflexão é cômoda, é conveniente, mas não dá conta da complexidade da questão.

É evidente que as opções dessas crianças são extremamente reduzidas e que o fato de serem estigmatizadas só piora esse quadro. Enquanto os grandes figurões que movimentam o mercado ilegal de drogas são ricos, moram em condomínios luxuosos, possuem articulação com o poder e têm todo aparato penal e policial do Estado a seu favor, nossos olhos se dirigem para uma ponta do problema: o mercado varejista de drogas nas favelas e periferias. Enquanto o futuro dos filhos dos grandes e verdadeiros traficantes é repleto de possibilidades, o futuro dos meninos das favelas se fecha diante da bala e do fuzil. A chamada "guerra às drogas" é, na verdade, um dispositivo institucional que ativa uma lógica de massacre contra a população pobre e, em sua maioria, negra, das favelas e periferias do Brasil. Esse é só um exemplo, de tantos outros possíveis, dessa lógica desigual de funcionamento da sociedade, em que a riqueza acumulada por alguns é pobreza compartilhada por muitos. Quão amarga é essa normalidade opressora!

Mas voltando à história, o rei do Egito adotou mais uma medida contra o povo hebreu. Ele ordenou que as parteiras dos hebreus, que se chamavam Sefra e Fua, observassem os partos com atenção e matassem todos os meninos que nascessem. Na concepção do rei, matar os meninos era uma forma de conter a força de resistência do povo hebreu. É o poder do Estado de deixar viver ou fazer morrer. Uma soberania sobre os corpos dos oprimidos que define e autoriza sua própria existência.

Contudo, a história da opressão não se passa sem a resistência dos oprimidos, que desenvolvem estratégias de sobrevivência e lutam por emancipação. As parteiras hebreias, como muitas mães de nosso país, deram seu jeito de driblar a ordem e proteger a vida dos meninos de seu povo. Diz o texto:

> *As parteiras, porém, temeram a Deus e não fizeram o que o rei do Egito lhes havia ordenado, e deixaram os meninos viverem.* (Êx 1:17)

Por temor a Deus elas desobedeceram à autoridade máxima egípcia, resistindo.

> *Assim, pois, o rei do Egito chamou as parteiras e lhes disse: "Por que agistes desse modo e deixastes os meninos viverem?"*
> *Elas responderam ao faraó: "As mulheres dos hebreus não são como as egípcias. São cheias de vida e, antes que as parteiras cheguem, já deram à luz".* (Êx 1:18-9)

Sefra e Fua foram revolucionárias em sua sabedoria e ação. Se a racionalidade opressora produz morte, a racionalidade revolucionária abre caminhos.

Segundo a tradição, foi nesse contexto que nasceu o menino Moisés. Ele permaneceu com sua mãe até os três anos, mas depois ficou difícil escondê-lo e protegê-lo. Sua mãe, então, preparou um cesto, colocou ali o menino e o deixou às margens de um rio. A irmã de Moisés foi designada para acompanhar o cesto e garantir que a criança chegasse a um lugar seguro. A trama, evidentemente, é toda construída para explicar como, diante de tantos riscos, Deus cuidou desse povo oprimido, preparando sua libertação.

A história prossegue dizendo que a filha do faraó desceu para se banhar no rio e viu o cesto. Então, mandou que uma de suas servas o buscasse junto aos juncos. Ao ver que ali havia uma criança hebreia chorando, se compadeceu. A irmã de Moisés, que observava tudo de perto, se aproximou e disse: "Queres que eu vá e te chame uma mulher dos hebreus que possa criar esta criança?" (Êx 2:7). A filha do faraó consentiu e, assim, a irmã foi chamar a própria mãe. Mãe e filho se reencontram e o menino fica sob seus cuidados. Quando mais crescido, ele é entregue à filha de faraó, que o adota e lhe dá o nome de Moisés, que significa "tirado das águas".

Moisés, um hebreu, teve sua formação no palácio do faraó, portanto, distante dos sofrimentos de seu povo. Contudo, um dia ele saiu para ver seus irmãos e percebeu as tarefas pesadas que recaíam sobre eles. Viu também um egípcio ferindo um de seus irmãos hebreus. Ele se revoltou. Certificando-se de que não havia ninguém olhando, matou o egípcio e escondeu o corpo sob a areia. Como eu já disse, é muito importante ler a Bíblia contextualizando suas histórias. O que importa aqui não é a ação de Moisés de matar o egípcio (esse ato não passa pelo crivo da revelação de Deus em Jesus), mas sim o sentido geral da história e o lugar que Deus, a partir dessa tradição, se coloca na história: ao lado e junto dos oprimidos.

Nessa passagem, o que importa para mim é que Moisés conheceu o sofrimento de seu povo, o julgou injusto e, a partir de então, nunca mais foi o mesmo. No dia seguinte, Moisés saiu novamente (imagino que não conseguia mais ficar restrito ao palácio) e viu dois hebreus brigando. Ele repreendeu o agressor, mas o hebreu replicou, perguntando quem era ele e que autoridade tinha para julgar as brigas e os desentendimentos entre os hebreus – "Acaso queres matar-me como mataste ontem o egípcio?" (Êx 2:14), ele disse.

Moisés, então, se deu conta de que sua ação era conhecida por todos e fugiu para a terra de Madiã. Ali, sentou-se junto ao poço.

Esse trecho é muito importante, pois mostra que Moisés de fato havia se retirado de seu lugar de privilégio e de poder, pois poderia ter voltado para o palácio e usado de sua influência para abafar a história da morte do egípcio. Ele agora só poderia sobreviver nos espaços que estivessem em plena consonância com seu interior.

A narrativa prossegue:

> *Muito tempo depois morreu o rei do Egito, e os israelitas, gemendo sob o peso da servidão, gritaram; e do fundo da servidão o seu clamor subiu até Deus. E Deus ouviu os seus gemidos; Deus lembrou-se da sua aliança com Abraão, Isaac e Jacó. Deus viu os israelitas, e Deus se fez conhecer...* (Êx 2:23-5)

Aqui, mais uma vez registro o ponto de partida da leitura e interpretação da Bíblia de acordo com a teologia da libertação: a experiência concreta dos oprimidos. Assumo esse ponto de partida por considerá-lo o mais coerente com o contexto social e o chão histórico da revelação bíblica. Mais do que textos isolados, estou atentando para um movimento de Deus na história. A Palavra de Deus não é o texto em si, mas seu sentido de libertação, que depois foi encarnado na pessoa de Jesus. Olho para a Bíblia não como um manual comportamental, mas como um testemunho de que Deus sempre ouve o gemido dos oprimidos e age para libertá-los.

Se Deus tivesse se revelado em favor do faraó e dos opressores, a teologia derivada desse acontecimento seria outra, como ensina James Cone. Mas ele não o fez, então existe uma ética a ser acolhida a partir dessa revelação. Trata-se de uma ética de permanente libertação da humanidade e de abertura para uma vida futura plena e abundante para todas as pessoas. Como é profundo ler que "do fundo da servidão o seu clamor subiu até Deus": aqui o povo geme e grita. Não sei o que gritaram; na verdade, nem sei se se expressaram por palavras compreensíveis, pois o texto fala em gemido. Não há palavras de ordem, programa definido, estratégia estabelecida, doutrina religiosa formulada. É somente dor. E Deus ouve, compreende, se compadece, sente, e se lembra da aliança que havia feito com aquele povo. Deus elege um povo não por outra razão, senão por sua condição de vulnerabilidade diante das injustiças que lhe são impostas.

7. Toda fé é política

Trabalhando perto da Comissão de Direitos Humanos da Alerj (Assembleia Legislativa do Estado do Rio de Janeiro) nos anos de 2017 e 2018, vi muitas mães em desespero porque haviam perdido seus filhos para a violência do Estado. Mulheres pobres e, em sua maioria, negras. Não eram números ou estatísticas, mas mulheres que gritavam e gemiam diante de uma dor irreparável. Gritos e gemidos tantas vezes negligenciados pelo Estado, pelas elites e por parte da sociedade, mas não por Deus.

Não era incomum que após a morte de seus filhos, essas mesmas mães vissem surgir nas redes sociais montagens tentando associar aquelas crianças a atividades ilícitas, como se isso justificasse suas mortes. A desigualdade social e o racismo são fatores que naturalizam e espetacularizam o sofrimento de pobres e negros. No entanto, eu creio firmemente que a Palavra de Deus se atualiza e se encarna no rosto, nas lágrimas, nos gritos e no choro de cada uma dessas mães. É importante olhar para o texto, mas é imprescindível olhar para a realidade. Realidade e texto se encontram para produzir consolo e libertação, e aí está o movimento de Deus na história. Libertação, na tradição bíblica, não é uma categoria abstrata, ela tem efeitos sociais, políticos e econômicos. Quem acha que libertação e salvação são apenas uma dimensão abstrata do pós-morte, não está lendo a libertação/salvação nas categorias da própria narrativa bíblica.

Encanta-me demais o trecho "Deus viu os israelitas, e Deus se fez conhecer..." (Êx 2:25). Em outras palavras, o sofrimento, o suor e o sangue daqueles trabalhadores chamaram a ação de Deus. E Deus se fez conhecer justamente por seus atos de libertação em favor dos oprimidos. Deus, na tradição bíblica, não é uma ideia que pode ser materializada numa doutrina, mas é puro senso de compromisso com os oprimidos. O pensamento religioso colonizador tende a fazer uma leitura especulativa, abstrata e individualista da Bíblia, subtraindo toda sua espiritualidade emancipadora. Ele tende a interpretar essa perspectiva que compartilho com vocês como algo não espiritual, mero ativismo político, ideologização do Evangelho. Isso acontece porque o pensamento religioso colonizador reivindica para si um lugar de universalidade, imparcialidade, espiritualidade verdadeira e devoção genuína. Ele não se vê como histórico e repleto de condicionantes sociais. Então, só o que ele propõe seria espiritual, eterno e elevado. O que ele anuncia como universal é, na verdade, a projeção do universal a partir de categorias eurocêntricas, brancas, patriarcais, colonizadoras e racistas.

A teologia emerge da vida e a vida dos pobres é diferente da vida dos ricos; a vida dos negros é diferente da vida dos brancos; a vida das mulheres é diferente da vida dos homens; a vida da comunidade LGBTQIAP+ é diferente da vida dos heterossexuais e cis gêneros. Já ouvi várias vezes que essa narrativa é divisionista, porque, afinal, somos todos iguais e feitos à imagem e semelhança de Deus – e Deus ama a todas as pessoas sem distinção. Ora, sempre tento explicar que justamente por causa dessa igualdade plena diante de

Deus e porque essa igualdade deriva do fato de todos serem feitos à sua imagem e semelhança é que precisamos reforçar a perspectiva e a luta dos oprimidos, pois estes não desfrutam de plenos direitos. Dizer que todos são iguais sem considerar a realidade da desigualdade para enfrentá-la é reafirmar a própria desigualdade!

O que vemos em toda a tradição bíblica é que Deus ama a humanidade e prova seu amor a partir de seu compromisso com os pobres e oprimidos. A espiritualidade bíblica é integradora da vida, projeta o céu e se compromete com a Terra. Ela é amor descolonizado, desprivatizado, retirado do altar da alienação e traduzido em ações concretas e políticas. A revelação bíblica não se restringe a categorias políticas e históricas, mas toda fé é política e toda espiritualidade também é política porque essa revolução profunda passa pelo coração e pelas estruturas sociais. Repito: creio que a revelação bíblica não pode se enquadrar em categorias político-ideológicas; isso, porém, não significa, em hipótese alguma, neutralidade, despolitização e descompromisso com a história. Andar com o Deus da Bíblia exige uma escolha ética e espiritual de compromisso com os injustiçados do mundo.

O que se segue na história do Êxodo é um longo processo de organização popular liderado por Moisés e conduzido por Deus para que o povo hebreu conseguisse sua liberdade e pudesse viver de acordo com ela. Não houve conciliação nem facilidades. A narrativa bíblica indica que o coração do faraó estava endurecido e sem espaço para a compaixão. Os opressores não abrem mão voluntariamente de sua condição, pois costumam amar mais as suas riquezas e os seus privilégios do que a Deus. Só por meio da organização e da perseverança o povo rompe com as cadeias da opressão e segue seu caminho para longe dos tentáculos do poder colonizador. Não há como tocar em privilégios cristalizados sem gerar desconforto e provocar tensões.

No contexto da luta pelos direitos civis nos Estados Unidos, Martin Luther King falou muito sobre a dificuldade e os riscos daquela caminhada. Não era fácil enfrentar uma sociedade pautada na supremacia branca e produzir uma verdadeira revolução social. Vejam o que disse o pastor King:

> Eu não quero passar a impressão de que será fácil. Nenhuma grande conquista social será feita sem perdas individuais [...]. Mas se a morte física é o preço que teremos de pagar para libertar nossos filhos e nossos irmãos brancos de uma eterna morte psicológica, então nada poderá ser mais redentor.[1]

Essas são palavras que tocam fundo ao meu coração. Não são românticas e não devem ser idealizadas, pois carregam grande sofrimento. Martin Luther King foi executado na varanda de um hotel em 1968. Eu, evidentemente, queria vê-lo vivo, chegando à velhice e encontrando serenamente o fim. Quantas vidas são perdidas por amor à justiça!

Entendo a profundidade do chamado de Luther King e percebo a conexão de sua trajetória e obra com a narrativa bíblica do Deus libertador dos oprimidos. Melhor a tensão da luta do que a comodidade da conformidade. A tensão derivada desse movimento de mudança é justamente o irromper do futuro. A vida, a história, as urgências do mundo e o grito dos oprimidos por meio dos quais Deus se faz conhecer nos pedem coragem!

O povo hebreu saiu do Egito e ficou acampado no deserto, em frente ao mar Vermelho. O faraó, que depois das duras pragas enviadas por Deus havia decidido deixar os hebreus irem embora, se arrepende e ativa todo seu exército para ir atrás do povo de Israel e trazê-lo de volta. Essa narrativa bíblica é fantástica, repleta de tensão e momentos magníficos. O povo de Israel está numa situação limite. Olha para frente e vê o mar, olha para trás e vê o poderoso exército do faraó. Como esperado, sentiram medo e se exasperaram com Moisés:

> *Não havia talvez sepulturas no Egito, e por isso nos tiraste de lá para morrermos no deserto? Por que nos trataste assim, fazendo-nos sair do Egito? Não é isto que te dizíamos no Egito: Deixa-nos, para que sirvamos aos egípcios? Pois, melhor nos fora servir aos egípcios do que morrermos no deserto.* (Êx 14:11-2)

Muito compreensível o sentimento daquele povo. Diante das tensões de um movimento de transformação, somos levados a pensar que não deveríamos ter nos envolvido com aquilo. Nessas horas, a comodidade diante da opressão parece melhor do que o turbilhão provocado pela mudança. Mas a espiritualidade bíblica é um apelo profundo à reinvenção da vida rumo à plenitude de Deus.

Pensem numa coisa: a palavra "Egito", em hebraico, remonta ao conceito de "lugar estreito". Vamos lembrar que o povo hebreu chegou ao Egito primeiro com José e depois com Jacó e seus outros filhos. Num primeiro momento, o Egito salvou aquele povo da fome e os acolheu. Contudo, a realidade havia se modificado e o que era bom se tornou ruim; o que era largo se tornou estreito. E tudo que é estreito impede a vida de se concretizar em plenitude. Então, o vento de Deus vem e conclama o Êxodo, que é a saída em direção ao novo.

A vida deveria ser compreendida como um êxodo constante, um conflito permanente que gesta em nós o nosso melhor. Essa história tem múltiplos significados – apresenta tanto uma realidade política, econômica e social quanto uma realidade existencial.

8. A vida e seus êxodos

Existencialmente, podemos pensar que o ser humano está em permanente movimento de mudança em busca de plenitude de vida, da maior expressão de sua autenticidade e criatividade. Contudo, o ordenamento social nem sempre dá conta das demandas do indivíduo, os acordos estabelecidos já não suportam os nossos desejos mais profundos e ansiamos pela mudança para que haja alguma coerência do real com a essência do nosso ser.

Quantas vezes já chorei por decepcionar minha mãe por conta de minhas posições e decisões! Deixe-me contextualizar. Minha mãe é referência de amor genuíno e acolhimento para mim. Eu a amo de todo coração e a admiro muito, compreendo seu valor na minha vida e na minha formação. Sei que ela daria a vida por mim, e eu daria a minha vida por ela. Todavia, temos divergências em vários pontos. Afirmar minha caminhada pastoral, teológica e política muitas vezes provocou sofrimento em minha mãe, e se ela sofre, eu sofro. Mas como fazer diferente? Se eu não buscasse o alargamento da minha experiência, trairia minha própria verdade. A busca pela integridade do meu caminho me leva necessariamente ao conflito com determinadas posições da minha mãe.

Raciocínio semelhante se aplica ao meu quadro religioso de origem, minha igreja de infância, adolescência e início de juventude, de construção teológica e bíblica mais conservadora. Quando adolescente, eu era carinhosamente chamado de pastorzinho e me tornei uma referência para muitas pessoas daquela comunidade de fé. Conforme fui me envolvendo na luta por direitos humanos, no diálogo inter-religioso, no debate de gênero e sexualidade, mergulhando na ressignificação da fé, fui perdendo esses laços. Muitos não entenderam, mas respeitaram; outros desdenharam e simplesmente acharam que eu havia abandonado meu chamado pastoral para me tornar um ativista político – eu havia me tornado um tipo de herege.

Independentemente de como fui julgado, foi estranho romper com um lugar que durante tanto tempo fora tão confortável e seguro existencialmente para mim, onde vivi momentos incríveis e cultivei tantas amizades. No entanto, eu já não conseguia respirar os ares daquela religiosidade. Precisava praticar o êxodo rumo à minha própria verdade. Mas não foi fácil. Senti-me perdido, fraco e, por algum tempo, sem rumo ou direção. Às vezes eu acreditava no que as pessoas diziam: "Você abandonou Deus e, assim, impede que outras pessoas o conheçam", "Você perdeu a fé", "Você renegou seu chamado pastoral". Talvez minhas palavras não façam muito sentido para quem está me lendo agora, mas tenho certeza de que todo mundo já passou por algum momento similar, em que não sabia se devia permanecer no conforto de algo que não trazia mais satisfação ou assumir o risco e a incerteza para buscar uma nova vida, que você nem sabe como será, só sabe que precisa dela. A vida requer êxodos.

Enfim, seja como for, a espiritualidade é vento que não circula em lugar estreito. E tentar voltar atrás é algo infrutífero, trata-se apenas de uma ilusão. O risco da ruptura como forma de inaugurar o novo vale a pena, pois é preciso ousar. Qualquer opressão (econômica, política ou social) reduz os espaços para a plenitude de vida das pessoas. Alguém talvez esteja pensando que existem ricos em depressão e pobres vivendo em paz. Sim, tal afirmação é possível e aponta para as diversas dimensões que compõem a felicidade humana, mas seria absurdo desconsiderarmos o efeito da desigualdade social, do racismo, do machismo, da lgbtfobia e de outras formas de opressão na qualidade de vida e na felicidade, por mais subjetiva que seja, das pessoas.

Ainda pensando na minha mãe e na igreja que deixei, cabe fazer mais uma importante afirmação: a espiritualidade é movimento permanente de ruptura no dramático e artístico desequilíbrio da vida. Sim, viver é aprender a se desequilibrar ou equilibrar-se no desequilíbrio! Eu preciso me deixar ultrapassar também. Tenho uma filha de quatro anos e sou pastor de uma comunidade batista comprometida com a prática de libertação dos oprimidos. Minha maior tentação é justamente me achar pronto ou querer que a minha filha siga o meu ideal de vida ou que a minha igreja seja a reprodução do meu ideal de fé. Se assim eu fizer, minhas rupturas só terão beneficiado a mim mesmo, mas se eu compreender que uma ruptura é um movimento histórico e de amplitude do ser, poderei abrir espaço para que a minha filha ou a igreja da qual participo um dia rompam comigo e busquem ir além. Se assim for, meu compromisso será apenas com Deus.

Essa abordagem da espiritualidade como movimento permanente de expansão e abertura, uma espécie de êxodo permanente, eu extraí do livro *A alma imoral*, do rabino Nilton Bonder. Um dos livros mais preciosos que já li e que indico a leitura. Trata-se de uma reflexão teológica, política e existencial profunda que, inclusive, me acolheu em tempos de crise e de êxodos pessoais.

Essa reflexão que faço não significa que devemos rejeitar o passado, o que seria um ato de arrogância. Continuo aprendendo muito com a minha mãe, assim como tenho boas lembranças e trago muitos ensinamentos que me foram passados pela minha igreja de origem. Romper com o passado significa destituí-lo de sua tendência de eterna reprodução de si, de inexorabilidade. O passado como tradição que formata determinados comportamentos pode sequestrar a nossa individualidade, nos impedir de crescer ou de mudar. Não podemos deixar que ele nos dite regras ou nos amarre emocionalmente. Posso olhar para o passado como referência e, com discernimento, acolher o que é bom. Devemos encontrar coragem para romper com tudo aquilo que não afirma a nossa integridade.

No que diz respeito à opressão dos tentáculos colonizadores sociais, acredito em um não incondicional; isto é, a total demolição de pressupostos opressores que não produzam uma realidade histórica, política, econômica e social mais justa. Depois dessa revolução feita, Deus estará novamente à frente, nos convidando para mais uma revolução. Creio que a espiritualidade bíblica é permanentemente revolucionária!

Voltando à história do povo hebreu, Deus não oferece uma receita, apenas reafirma sua presença e diz a Moisés: "Diga ao povo que marche". Mesmo diante da imensidão do mar, é melhor não retroceder. É como se Deus dissesse para caminharmos em direção ao futuro vivenciando o caráter revolucionário do próprio caminho. Vamos assumir riscos em nome da nossa fé.

O povo entrou no mar e o mar se abriu, não o contrário. Não houve respostas antes, mas durante a experiência do caminho. Fé é caminho, aventura, vivência do risco, inaugurar o novo e alargar nossas experiências. E Deus vai conosco!

9. A teologia do deserto

E, tendo saído de Sucot, acamparam em Etam, à beira do deserto.
E Iahweh ia adiante deles, de dia numa coluna de nuvem, para lhes mostrar o caminho, e de noite numa coluna de fogo para os alumiar, a fim de que pudessem caminhar de dia e de noite.
Nunca se retirou de diante do povo a coluna de nuvem durante o dia, nem a coluna de fogo durante a noite. (Êx 13:20-2)

Após a tensa e dramática saída do Egito, o povo hebreu começou sua caminhada pelo deserto rumo à Terra Prometida. O deserto é o lugar onde eles elaboram sua perspectiva de Deus não a partir de especulações, mas de uma experiência relacional.

A primeira indicação de que Deus está presente na caminhada do povo são as lindas imagens da coluna de nuvens que os acompanha durante o dia e da coluna de fogo durante a noite. É taxativa e preciosa a afirmação de que Deus "nunca se retirou de diante deles". Portanto, Deus não foi apenas um realizador de prodígios no contexto tenso da disputa com o faraó, mas se revelou presença constante e fiel ao longo de toda a caminhada. Longe do poder opressor do Egito, o povo poderia desfrutar da liberdade para descortinar o sentido mais profundo de Deus. Como afirma o amigo e teólogo Ronilso Pacheco, a teologia que nasce do deserto é a teologia dos marginalizados: "A teologia nasce da experiência dos debaixo. É a linguagem sobre Deus contra os poderes centralizadores que se acham deuses".[1]

Se o Egito representava um futuro fechado e asfixiado pela opressão, o deserto aparece como experiência de travessia, de peregrinação. Aquele povo sofrido agora caminha nas incertezas do deserto e ali descobre o cuidado permanente de Deus para com ele.

É curiosa essa imagem do deserto: de um lado, há todas as dificuldades impostas pela geografia, a escassez hídrica, o clima desértico; de outro, a revelação da presença contínua de Deus. Não seria essa uma metáfora da própria condição humana?

Eu ainda fico perplexo diante da fragilidade da vida e de seu caráter um tanto precário em termos existenciais. Certa vez, ouvi de uma psicanalista que nós, seres humanos, vivemos berrando diante do abismo. Essa imagem tocou-me profundamente. Viver é estar diante do abismo da vulnerabilidade da própria vida, é saber-se não dono de todas as variáveis que compõem a nossa existência. É gritar sem saber exatamente quem vai ouvir. Existem os eventos trágicos que nos abatem como, por exemplo, a morte de uma pessoa amada ou uma doença grave, mas além dessas fatalidades existe o componente trágico da própria vida. Para Rubem Alves, há uma tristeza em nós relacionada ao fato de que tudo o que amamos se vai no fluxo do tempo. A vida é, em si, transitoriedade (deserto). O deserto é também caminho em direção à liberdade. Portanto, ele simboliza esse lugar da periferia, questiona a centralidade do poder e abre as portas para o futuro.

Seja pelo aspecto existencial (o trágico da vida) ou pelo aspecto político da busca pela plena liberdade, o deserto não implica ausência de Deus, muito pelo contrário. É lugar propício para uma espiritualidade profunda, quando construímos uma história pessoal e comunitária com ele.

Existem momentos que simplesmente me calam a respeito de Deus. Não sei o que dizer diante do absurdo das injustiças. Não sei o que dizer diante de uma mãe que chora a morte de seu filho ou do filho que chora a morte de sua mãe. Apenas me sinto impelido a afirmar dentro de mim que Deus está presente. E, para mim, não é uma presença imparcial, fria, vigilante, de uma onisciência autoritária que compensa as pessoas de acordo com suas ações. Eu simplesmente creio, quase não crendo, mas sem conseguir deixar de crer, que Deus é uma presença solidária, participante, e que sua presença é fruto do amor que ele tem por nós, do amor que Deus é.

A teóloga e escritora Dorothee Solle escreveu que "a presença divina nunca é observadora; a presença divina é sempre dor ou alegria de Deus".[2] Eu entendo que a categoria que aparece no Êxodo é justamente a do Deus todo poderoso. Deus não é estático ou manipulador de destinos; suas ações em favor dos humilhados da terra são concretas. Uma soberania dinâmica em favor dos sem poder. Guardo dentro de mim a perspectiva de um fim da história operado pela soberania de Deus em favor do início de uma história sem qualquer elemento ou estrutura de opressão. É fé!

Contudo, tenho me aproximado mais da expressão de Deus "todo-amor" por sentir e entender que por amor Deus assume conosco nossa vulnerabilidade existencial e a vulnerabilidade dos oprimidos. Deus está na dor, no luto, na saudade, na frustração. Quando o entendimento falha e as palavras faltam, Deus está presente. Há Deus até mesmo quando sentimos que não há Deus. Na impotência da não resposta, creio que Deus não somente ouve meu grito à beira do abismo, mas também grita comigo, grita o meu grito.

Lembro-me das palavras da jovem holandesa Etty Hillesum, que enfrentou o horror do nazismo. Ela mergulhou na aventura de Deus ao abraçar com integridade o sofrimento humano.

> A única coisa que podemos salvar desta época, e também a única que realmente importa, é um pequeno pedaço de você dentro de nós, meu Deus. Talvez possamos também ajudar a te desenterrar do coração devastado de outros homens. E, quase a cada batida do meu coração, aumenta a minha certeza: cabe a nós ajudar-te, defender até o fim a tua morada em nós.[3]

Para mim, essa é uma oração forjada no deserto. Etty experimenta a dor, e rende-se a Deus rendendo-se ao próximo. Ela comete a audácia de amar a humanidade mesmo diante do terror. É um refúgio de humanidade diante da racionalidade genocida do nazismo. E digo racionalidade nazista, porque é preciso entender que o genocídio e a seleção de corpos para a subalternidade não são dimensões casuísticas, patológicas ou irracionais; elas são um projeto. O nazismo é um sintoma grave de um Ocidente arrogante e selecionador de culturas, povos e corpos para o abate.

O deserto nos mostra que podemos nos desvencilhar desse modelo, viver fora das demarcações do Egito, esse lugar que representa o que é estreito e opressor. O deserto também nos oferece uma dimensão comunitária e de partilha. Segundo a narrativa bíblica, todos os dias Deus dava ao povo o pão necessário para sua sobrevivência:

> *Iahweh disse a Moisés: "Eis que vos farei chover pão do céu; sairá o povo e colherá a porção de cada dia, a fim de que eu o ponha à prova para saber se anda ou não na minha lei".* (Êx 16:4)

Disse-lhes Moisés: "Isto é o pão que Iahweh vos deu para vosso alimento. Eis que Iahweh vos ordena: cada um colha dele quanto baste para comer, um gomor por pessoa. Cada um tomará segundo o número de pessoas que se achem em sua tenda". E os israelitas assim fizeram; e apanharam, uns mais outros menos. (Êx 16:15-7)

A ética espiritual que nasce do deserto não permite acúmulo, mas se pauta na satisfação das necessidades e na confiança em Deus. É um aprender a viver em comunidade e sob uma ética comunitária. O lugar de poder é o dos sem poder para a construção de novas relações de poder.

Permitam-me ler o Êxodo não como um evento isolado – que carrega, inclusive, suas contradições e violências –, mas como chave interpretativa do movimento de Deus na história, como aprendi com a teologia da libertação. A dimensão do "um dia de cada vez" ou "do pão de cada dia" aponta tanto para a partilha quanto para a destituição dos mecanismos de concentração de poder (político e econômico).

No deserto, Moisés disse aos homens que não colhessem mais do que fossem consumir, que não deixassem nada para o dia seguinte, pois Deus proveria suas necessidades. Alguns, porém, não lhes deram ouvidos e guardaram o pão para o dia seguinte. E diz a Bíblia que este criou bichos, cheirava mal.

Essa é uma lição profunda. Não se trata da perda de perspectiva de futuro, tanto é que a Terra Prometida é sempre o lugar para onde se caminha e é o horizonte que orienta o caminho. Contudo, admitir que durante essa longa jornada não teremos controle sobre tudo e que precisamos uns dos outros – e de Deus – é fundamental. A experiência religiosa deve converter as riquezas e o coração à comunidade, à coletividade. O pão de cada dia no deserto é disciplina e exercício de convivência.

10. Deus da liberdade

É esse povo em travessia que chega ao monte Sinai, onde os mandamentos são dados para regulação da vida comunitária. A origem desse regramento social é a libertação. Isso significa dizer que um povo que surge de um processo de libertação deve ter um compromisso permanente com a liberdade. Um povo que nasce dos oprimidos não pode reproduzir opressões. Deus só pode ser conhecido pela promoção da emancipação humana. Como afirma James Cone:

> O pacto é um convite a Israel para entrar num relacionamento responsável com o Deus do Êxodo, no qual ele será o seu Deus, e Israel, sua possessão especial. Esse convite coloca Israel numa posição de decisão, porque o pacto requer obediência à vontade Deus. Aceitar o pacto significa que Israel deve viver como povo libertado de Deus, corporificação da liberdade tornada possível através da presença libertadora de Deus.[1]

A eleição de Israel não é étnico-racial, e essa questão já gerou muitos equívocos ao longo da história. O critério da eleição está no fato de, naquele contexto, Israel ser um povo fraco e indefeso diante de mecanismos de poder opressor. O Deus da libertação exige uma ética de libertação permanente. Na introdução dos Dez Mandamentos está colocado:

> *Eu sou Iahweh teu Deus que te fez sair da terra do Egito, da casa da escravidão.* (Êx 20:2)

É a partir dessa premissa que o pacto se estabelece entre Deus e o povo. Por essa razão – o fato de já terem sido escravizados e considerados forasteiros – é que estrangeiros serão bem-vindos.

> *Não afligirás o estrangeiro nem o oprimido, pois vós mesmos fostes estrangeiros no país do Egito.* (Êx 22:20)

Não me canso de repetir que a Palavra de Deus não é um texto isolado; ela tem muitas camadas no contexto da linguagem humana e existem muitos pontos passíveis de interpretações completamente antagônicas entre si. Exemplo disso é o próprio código da aliança, que tem ordenamentos que prescrevem a execução como punição para determinados delitos. Não avalio se tal lógica passaria pelo crivo de Jesus ou de uma ética baseada em formas mais justas de relação humana. Aliás, jamais vejo a morte como pena justa para qualquer conflito humano. Contudo, uma consideração é importante: a ética dos oprimidos não pode ser julgada pelas categorias de análise dos opressores. Isso significa que o texto precisa ser considerado em seu caldo cultural e que o próprio conceito de ética é uma construção histórica que foi se alterando com o tempo.

Importa que dentro dessa nova ética, o estrangeiro já não era mais visto como estranho, exótico ou inferior. A diversidade se torna um lugar de encontro a partir do qual se anuncia Deus e

Deus se anuncia. Hospitalidade é valor espiritual, virtude e benção. Receber o outro é receber Deus. O teólogo Henri Nouwen explica que, em alemão, a palavra "hospitalidade" significa amizade pelo hóspede, e em holandês significa liberdade para o hóspede. Considero potente essa junção de amizade com liberdade. Acolher o estrangeiro não é moldá-lo conforme nossas categorias e desejos. Com a palavra, Henri Nouwen:

> Assim, a hospitalidade em primeiro lugar é a criação de um *espaço livre* no qual o estranho pode entrar e se tornar amigo, em vez de inimigo. Hospitalidade não é mudar as pessoas, mas oferecer a elas um espaço em que a mudança pode acontecer.[2]

Espaço livre é um conceito instigante e transformador. Isso porque a perspectiva colonialista de mundo preenche todos os espaços com suas verdades prontas e excludentes. Henry Nowen arremata: "Não é um método para fazer do nosso Deus e de nosso caminho critérios de felicidade, é abrir oportunidade para que os outros encontrem seu Deus e seu caminho".[3]

Em outras palavras, não se trata da supressão de individualidades, identidades ou conflitos, pois isso seria violento. O acolhimento e a construção da relação anfitrião-hóspede pressupõe conflitos, isso é esperado e saudável. A questão é que nesse caso o conflito deve gerar movimentos de mudança e crescimento. Esse caminho é possível longe do Egito colonizador. (Vale explicar que a referência ao Egito que faço aqui é sempre considerando a narrativa bíblica do Êxodo. Portanto, não estou falando do país Egito atual ou histórico, mas fazendo uma referência ao contexto bíblico. Aliás, o Egito representa a opressão do mesmo jeito que outros contextos históricos e lugares também podem simbolizar essa estrutura de poder opressor.)

O Êxodo, tal qual vimos, foi mais do que um evento. Ele se constituiu como paradigma e base do pacto estabelecido com Deus no monte Sinai. A tradição Êxodo/Sinai era um convite permanente para que o povo desenvolvesse um relacionamento responsável com Deus. O fruto desse relacionamento deveria ser a justiça, a partilha, a construção comunitária.

O povo de Israel, no entanto, em muitos momentos se esqueceu de sua origem e da ética de libertação que deveria vivenciar e espalhar. A narrativa bíblica diz que ao chegarem à Terra Prometida, constituíram uma monarquia e, frequentemente, seus reis se tornaram opressores. A lógica caminhante, peregrina e comunitária foi sendo substituída por sistemas centralizados de poder. É nesse contexto de distanciamento das origens e de ruptura com a vontade e o projeto de Deus que surgiram os profetas e suas profecias.

11. Imprescindíveis profecias

Escolhi vários trechos do profeta Isaías para exemplificar a caminhada dos profetas e das profetisas que julgaram seu presente à luz do futuro de Deus. Foram pessoas que a partir de uma experiência profunda de Deus interpretaram os sonhos divinos para a humanidade, e muitas vezes foram perseguidas e até mesmo executadas. Porém, apesar de tamanhas adversidades, a alegria dos profetas e das profetisas está ancorada em Deus. Como tão poeticamente diz o salmista:

Até o pássaro encontrou uma casa,
e a andorinha um ninho para si,
onde põe seus filhotes:
os teus altares, Iahweh dos Exércitos,
meu Rei e meu Deus! (Salmo 84:4)

A profecia surge como tradução da dor e das esperanças do coração de Deus. Os profetas e as profetisas, cada qual em seu contexto histórico específico, chamaram o povo ao arrependimento e à conversão. Essas pessoas viram o mundo e não têm como fingir que não viram, como de maneira belíssima expressa o poeta Thiago de Mello:

> A luz que me abriu os olhos
> para a dor dos deserdados
> e os feridos de injustiça,
> não me permite fechá-los
> nunca mais, enquanto viva.
> [...]
> Não se trata de escolher
> entre cegueira e traição.
> Mas entre ver e fazer
> de conta que nada vi
> ou dizer da dor que vejo
> para ajudá-la a ter fim,
> já faz tempo que escolhi.[1]

Esse encontro empático com a realidade humana exige um compromisso ético e político com a transformação da realidade. É um sentimento que pede o exercício da palavra e da ação. O coração do profeta e da profetisa sangra de paixão por Deus e pela humanidade, e essa afirmação não é mero dramatismo sentimental, pois, se assim for, não se tratará de uma profecia. A profecia não é conjuntural, ela não oscila. É como um vento incessante de compromissos sólidos e perenes. Lembra-me a sentença atribuída ao poeta e dramaturgo Bertold Brecht: "Há homens que lutam por um dia e são bons, há outros que lutam por um ano e são melhores, há os que lutam por muitos anos e são muito bons. Mas há os que lutam toda a vida e estes são imprescindíveis".

Essas pessoas que dão a vida pela humanidade têm a paixão dentro delas. É quando a vida se mistura com a causa e a causa oferece sentido à vida. A causa não é fanática, fechada em si, alienadora, pois se assim for também não é profecia. A causa é generosa, acolhedora da diversidade, apaixonada, extraída do coração de Deus. Produz uma ação consciente e amorosa no mundo. Tal entrega é tão profunda que não depende de resultados imediatos e objetivos. De acordo com o pastor e teólogo Ricardo Lengruber, "os profetas plantam árvores sob cujas sombras provavelmente nunca vão refrescar-se".[2]

Esse movimento é para o outro, para todas as criaturas amadas de Deus e feitas para a vida em abundância. O profeta ou a profetisa tem compromisso com a margem, com a periferia, com os sem poder. Esse é o lugar a partir do qual a profecia emerge e só em coerência com ele pode ser genuína.

A profecia não se acomoda às estruturas de poder, não se rende às tentações da riqueza. A profecia tem o Êxodo cravado no peito, a liberdade como paixão irrevogável, o amor como afeto político e a experiência da libertação como verdade inquestionável a ser tecida nas tramas da história. A profecia desmonta a tentativa de enquadrar Deus em doutrinas, templos, ritos e livros, pois enxerga Deus nas esquinas, nas praças, nas ruas, no campo, na cidade. A profecia pode habitar o templo e as instituições, mas os implode se eles tentarem conter o agir de Deus. A profecia celebra ritos como canto e expressão de amor a Deus e ao próximo. O rito é sempre um sacramento, uma sinalização da presença libertadora de Deus. A profecia mergulha nos livros, pode se inspirar nos registros literários das tradições espirituais e acolher suas referências, mas sempre está atenta à Palavra de Deus expressa no rosto dos pobres e dos oprimidos. A profecia não tem compromisso com a vitória, mas com a coerência. Transcrevo aqui algumas das lindas palavras do padre Julio Lancellotti:

> A minha perspectiva é o fracasso. Se eu buscar a vitória e o sucesso é porque eu aderi a esse sistema. Nesse sistema eu sempre serei um fracassado. Prefiro estar do lado dos que perdem. Como disse Darcy Ribeiro: eu estou muito feliz de estar do lado dos que perderam. Não queria estar do lado dos que ganham. Quero estar ao lado dos pisados, não dos que pisam. Estar ao lado dos perdedores, não dos vencedores na fraude, na mentira, na injustiça e na maldade [...]. O amor não nos torna infalíveis. Nós na luta muitas vezes podemos nos enganar, podemos errar. Somos vulneráveis, quem ama se torna vulnerável. O amor não nos torna invencíveis e infalíveis [...]. Os místicos me ensinaram a contemplar a cruz. O Deus crucificado, o Deus despojado, o Deus todo misericordioso.[3]

Essas palavras foram ditas num evento virtual no contexto da pandemia. Eu estava presente e testemunhei esse verdadeiro transbordamento de Deus. Padre Julio caminha ao lado das pessoas em situação de rua na cidade de São Paulo e ali exerce seu ministério de serviço ao povo, aos pobres. As palavras do padre Julio também humanizam o profeta e a profetisa, pois são homens e mulheres marcados por suas contradições e vulnerabilidades. Não estou falando de super-heróis ou super-heroínas que pairam sobre a história. Falo de gente real, que aprende com seus erros e tem disposição, ao longo da caminhada, para olhar para o entorno e para dentro de si, num exercício constante — esse sim heroico — de autoconhecimento e compromisso com o outro.

A profecia não se rende ao personalismo, ao projeto pessoal de poder. Mais do que apontar para profetas e profetisas como trajetórias individuais (que existem), é muito mais potente olhar para comunidades portadoras de profecia. A profecia não é uma voz isolada que aponta para si, mas uma construção comunitária que cria caminhos de esperança. A história de Deus na tradição bíblica é a história da caminhada de um povo em direção à liberdade. No deserto se forjou sua dimensão comunitária. É esse lugar caminhante, peregrino e comunitário que carrega a voz de Deus. Então, a tradição profética é vinculada às comunidades e por elas se torna possível.

Vejo a profecia se traduzir nos assentamentos rurais que lutam por reforma agrária; nas ocupações urbanas que lutam por moradia digna; no movimento negro dizendo que vidas negras importam; no movimento das mulheres que denunciam a violência do machismo; nas pessoas LGBTQIAP+ que lutam para viver e amar sem medo; nas aldeias indígenas que lutam por suas terras e liberdade; na luta dos refugiados buscando uma pátria que os acolha. Não vejo a profecia na Casa Branca, no Palácio do Planalto, nas reuniões do Banco Mundial nem nos países mais ricos do mundo.

Não vejo profecia em leis e instituições que, em vez de combater a fome de milhões de seres humanos, destinam mais dinheiro para armas e bombas, fortalecendo o aparato bélico das nações poderosas. Não vejo profecia nas igrejas que procuram, em vão, conter o vento de Deus e montam verdadeiros impérios de poder e de riquezas. Vejamos o que diz dom Helder Câmara:

> Sonhei que o papa enlouquecia e que ele mesmo ateava fogo ao Vaticano e à Basílica de São Pedro. Loucura Sagrada. Porque Deus atiçava o fogo que os bombeiros, em vão, tentavam extinguir. O papa louco saía pelas ruas de Roma dizendo adeus aos embaixadores credenciados junto a ele, jogando a tiara ao Tibre. Espalhando pelos pobres, todos, o dinheiro do banco Vaticano. Que vergonha para os cristãos! Para que um papa viva o Evangelho, temos que imaginá-lo em plena loucura.[4]

Não interpreto essas palavras como se referindo apenas à Igreja Católica Apostólica Romana. Como pastor de tradição protestante, junto-me ao "delírio" de dom Helder para também denunciar determinados segmentos protestantes e evangélicos que sucumbiram ao fascínio do poder, ao acúmulo de riquezas e às megaestruturas econômico-religiosas. É quando a teologia perde seu caráter periférico, popular e dissonante. Aquilo que é normalidade para a institucionalidade cristã hegemônica trata-se, para mim, de uma completa distorção do sentido do Evangelho. A profecia se permite ao delírio, à loucura, ao devaneio, à fantasia criadora de outros mundos possíveis e impossíveis. Quando a normalidade é opressora, o delírio é salvação, e quando a Igreja reproduz essa normalidade, é ela que precisa de conversão.

12. Basta de oferendas vãs

Voltando à narrativa bíblica, ocorreu que a lógica comunitária e tribal do maná cotidiano havia se transformado em uma estrutura monárquica. Após a morte de Salomão, houve a divisão do reino: Reino do Sul (Judá) e Reino do Norte (Israel). Não cabe neste livro identificar as causas dessa divisão, mas elas refletem que aquele povo não era um bloco cultural monolítico. O fato é que tanto o Reino Unificado quanto, posteriormente, o Reino do Norte e o Reino do Sul experimentaram um desvio da proposta do Êxodo-Sinai, com governantes amantes do poder e reprodutores de uma estrutura social injusta.

> *Teus príncipes são rebeldes, companheiros de ladrões;*
> *todos são ávidos por subornos e correm atrás de presentes.*
> *Não fazem justiça ao órfão, a causa da viúva não os atinge.*
> (Isaías 1:23)

Nesse trecho, o profeta Isaías aponta que os príncipes de Jerusalém (capital do reino de Judá) eram insensíveis ao sofrimento dos pobres, eram corruptos e acumulavam riquezas. De muitas formas, a injustiça se tornou a medida das relações, e assim Deus deixou de ser honrado e adorado.

Em diversos momentos, o sofrimento pelo qual aquela sociedade passava foi interpretado como sendo fruto do pecado do povo, que sofria agora a ação julgadora de Deus. A perspectiva bíblica à luz do Evangelho não permite confirmar a tese do sofrimento como ação corretiva de Deus. A própria tradição da Bíblia hebraica tem explicações diferentes para a origem e os motivos do sofrimento humano.

Essa diversidade de perspectivas encontrada na Bíblia é uma de suas riquezas, mas também um motivo para que sua leitura seja feita com cuidado e com a devida contextualização histórica e cultural. O que me interessa aqui é mostrar que os profetas sentiam o drama que era o povo ter se esquecido da ética do Êxodo e do deserto e, assim, ter abandonado sua aliança com Deus. Destaco aqui mais uma vez as palavras de Isaías:

> *Basta de trazer-me oferendas vãs:*
> *elas são para mim incenso abominável.*
> *Lua nova, sábado e assembleia,*
> *não posso suportar falsidade e solenidade!*
> *Vossas luas novas e vossas festas, minha alma as detesta:*
> *elas são para mim um fardo; estou cansado de carregá-lo.*
> *Quando estendeis vossas mãos, desvio de vós meus olhos;*
> *ainda que multipliqueis a oração não vos ouvirei.*
> *Vossas mãos estão cheias de sangue:*
> *lavai-vos, purificai-vos!*
> *Tirai da minha vista vossas más ações!*
> *Cessai de praticar o mal,*
> *aprendei a fazer o bem!*
> *Buscai o direito, corrigi o opressor!*
> *Fazei justiça ao órfão, defendei a causa da viúva.* (Isaías 1:13-7)

Esse texto expressa a dor e a revolta do coração de Deus. Todo sistema religioso do povo estava vazio de sentido. As imagens são fortes, pois é como se Deus tivesse aversão e repulsa aos cultos que lhe eram oferecidos. É simples e radical ao mesmo tempo: De que adianta levantar as mãos aos céus se elas não estão estendidas para o próximo? Ou ainda: De que adianta levantar aos céus mãos sujas de sangue? Deus recebe essa pretensa adoração como ofensa.

O profeta aponta que a religião vivida pelo povo era mecânica, irrefletida e alienante, isso porque o próprio sistema religioso se tornara um empecilho para que o povo reconhecesse sua condição e experimentasse um verdadeiro arrependimento. Ritos esvaziados, cantos desprovidos de consciência, orações que não partiam do coração, festas e solenidades religiosas sem verdadeira devoção e compromisso espiritual.

A base do problema estava no fato de o povo ter criado estruturas de opressão, o que contradizia frontalmente o Deus que se revelou a esse mesmo povo em sua luta por libertação. O chamado ao arrependimento é direto e consiste em praticar a justiça, corrigir o opressor e defender a causa dos órfãos e das viúvas. Aqui quero fazer um breve aparte: numa sociedade patriarcal que girava em torno da figura do homem, os órfãos e as viúvas são referências diretas aos pobres. Em outras palavras, não tem como servir a Deus e não servir aos pobres, ainda que o simples exercício da caridade, que tem seu valor, não altere a estrutura da opressão. Servir a causa dos pobres significa também guardar seus direitos de uma forma mais ampla. Afinal, o pobre está nessa condição não por escolha, mas em função de uma estrutura que o oprime.

Opressor e oprimido não são derivações da natureza ou da vontade de Deus, eles são fruto de relações sociais desiguais e injustas que criam mecanismos que atribuem privilégios a uns e desvantagens a outros. O profeta é quem identifica o opressor e suas palavras pretendem destituí-lo do lugar que ocupa, o que significa aderir à vontade de Deus, ou seja, adorá-lo.

O texto menciona "mãos cheias de sangue", e isso é uma referência direta sobre como sistemas de opressão se fundamentam em violência. Quando o pacto social, baseado em injustiça e opressão, não se sustenta ou é parcialmente fragilizado, os dispositivos de força são utilizados para conter e eliminar os corpos rebeldes. Então, aquele modelo religioso juntava festividade, solenidade, opressão e sangue. Tal lógica só poderia se sustentar por muita dissimulação, falsidade e hipocrisia até que a roda da máquina religiosa ganhasse uma espécie de força própria, *status* de normalidade. Contudo, conforme já dito, a profecia rompe com essa "normalidade" e chama o povo de volta para Deus.

A essa altura, imagino que uma pergunta já esteja na mente de quem lê estas palavras: Essa realidade relatada pelo profeta é diferente da nossa realidade hoje? Infelizmente, acredito que a resposta é não. Cada época tem sua singularidade e suas questões próprias, e evidentemente os problemas culturais, políticos e econômicos do século XXI não são os mesmos da época do profeta Isaías (por volta de 765 a.C.). Contudo, existe algo que se repete nos vários modelos de sociedade conhecidos até hoje: estruturas sociais demarcando relações de opressão. Do ponto de vista da revelação bíblica, Deus sempre se manifesta na experiência dos oprimidos para conduzir a humanidade num caminho de permanente libertação. Falhar em defender os pobres é falhar em caminhar com Deus, seja em qual tempo histórico for.

Certo dia, eu estava vendo televisão e me deparei com a notícia de que por conta da subida no valor das ações da empresa Amazon, seu proprietário ganhou, em um único dia, 13 bilhões de dólares. Informação dada, os comentaristas falaram um pouco sobre a rentabilidade da empresa, trocaram algumas piadas e seguiram para outras pautas. Eu estava justamente lendo o livro do profeta Isaías, o que não me permitiu considerar o fato em si e a forma como a notícia foi dada como algo razoável. Não considero correto ou ético um modelo de sociedade que possibilite esse nível de ganho pessoal, enquanto bilhões de seres humanos vivem na pobreza e a fome é uma realidade que mata. Não há possibilidade de que isso tenha coerência com a ética bíblica. Pode ser legítimo do ponto de vista jurídico, e a questão que se coloca não é a de legitimidade, mas de bom senso e construção ética.

A engenharia econômica que viabiliza esse tipo de ganho ao lado de situações de extrema pobreza é estruturalmente pecaminosa. E a narrativa que naturaliza e justifica tal realidade é igualmente pecaminosa, pois contribui para a reprodução de tal injustiça. A artimanha da meritocracia constitui um dispositivo diabólico que oculta as relações de opressão. Entenda "diabo" não como um ser perverso com chifres, mas como um conceito que define tudo o que nos divide, separa, ilude. O diabo falsifica a realidade. A meritocracia é uma narrativa que busca naturalizar uma realidade perversa e desumana.

Um sistema econômico e financeiro que estrangula a vida dos trabalhadores e trabalhadoras para aumentar a taxa de acúmulo de capital de uma minoria detentora de quase todas as riquezas não passa pelo crivo da profecia. Um sistema político que concentra poder nas mãos dos homens e da branquitude, determinando uma vida de precariedade e sofrimento para bilhões de pessoas, não passa pelo crivo da profecia.

O profeta Isaías condena a vida de luxo, a corrupção e a insensibilidade dos governantes. Em outro trecho da tradição profética de Isaías há um apelo para que o povo resgate a essência da caminhada e do compromisso com Deus. O jejum, prática espiritual relacionada ao arrependimento e à consagração profunda a Deus, havia se tornado mais um rito desprovido de sentido. Diz ele:

Por acaso é este o jejum que escolhi,
o dia em que o homem se mortifique?
Por acaso a esse inclinar de cabeça como um junco,
a esse fazer a cama sobre pano de saco e cinza,
acaso é a isso que chamas de jejum
e dia agradável a Iahweh?

Por acaso não consiste nisto o jejum que escolhi:
em romper os grilhões da iniquidade,
em soltar as ataduras do jugo
e pôr em liberdade os oprimidos
e despedaçar todo o jugo?

Não consiste em repartir o teu pão com o faminto,
em recolheres em tua casa os pobres desabrigados,
em vestires aquele que vês nu
e em não te esconderes daquele que é tua carne?

Se fizeres isto, a tua luz romperá com a aurora,
a cura das tuas feridas se operará rapidamente,
a tua justiça irá à tua frente
e a glória de Iahweh irá à tua retaguarda. (Isaías 58:5-8)

É falso e superficial o jejum praticado pelo povo, pois ele não poderia estar tão somente relacionado a um dia de contrição e penitência pessoal. De que adianta jogar o rosto ao chão em sinal de arrependimento se tal ação é completamente desprovida de compromisso ético com a justiça? Dessa forma, é só mais um mecanismo de ilusão, de anestesia da própria consciência, de uma religiosidade que prioriza a forma e não o conteúdo, que se exibe para fora em detrimento da transformação que vem de dentro. O jejum verdadeiro não é o abster-se de alimento por si só, é assumir uma espiritualidade que deve ser capaz de modificar a sua vida e a dos que estão ao seu redor.

13. Quando a fé extrapola o indivíduo

Em nossa cultura ocidental de matriz iluminista europeia existe uma completa separação entre a religião e a esfera política da sociedade. Nessa percepção, a religião fica restrita ao ambiente privado, confinada na intimidade e na interioridade dos fiéis e de seus espaços de culto. Assim, a experiência religiosa foi perdendo sua vocação pública, mas na minha opinião existe um aspecto extremamente positivo nessa separação entre Estado e Igreja que é a ideia de Estado laico. A laicidade é fundamental para um regime democrático porque ela diz que o Estado não pode agir por paixões religiosas ou baseado na doutrina de qualquer religião. Cabe ao Estado respeitar a pluralidade de crenças religiosas, resguardando seus direitos de manifestação e existência. Isso significa que um Estado que persegue e criminaliza outras religiões é, por definição, antidemocrático.

Este ponto é fundamental: é perigoso quando uma religião se traduz num projeto de poder com vistas a se apropriar do Estado e de seus mecanismos institucionais para impor à sociedade, por meio de legislações e políticas públicas, sua doutrina. Essa vivência extremista da religião historicamente gerou e continua gerando uma série de arbitrariedades, violência e até mesmo mortes.

Durante séculos, a Igreja Católica Apostólica Romana foi a religião oficial do Estado brasileiro – desde o período da colonização portuguesa até a Proclamação da República, porque a separação entre Estado e Igreja só se efetivou na Constituição de 1891. Contudo, a influência dessa instituição no aparato do Estado se faz presente até hoje.

Atualmente, estamos assistindo a uma ascensão impressionante da população evangélica no Brasil. O fato é que segmentos extremistas do campo evangélico possuem poder político, econômico e midiático, têm grande influência e estão na base de sustentação do governo de extrema direita e com dispositivos fascistas do atual presidente, Jair Bolsonaro. O termo "terrivelmente evangélico", usado tantas vezes por ele, indica o caráter bélico e violento de sua gestão. Inclusive, no contexto da pandemia, o presidente, juntamente com algumas lideranças evangélicas – todas extremistas –, chamou o povo brasileiro para um dia nacional do jejum para rogar a Deus a proteção e a cura do coronavírus.

Diante de tal fato, não há como esquecer as palavras de Isaías a respeito do verdadeiro jejum. Dizer ao povo que se abstenha de alimentos num contexto de pandemia, em que boa alimentação é algo importante para a imunidade, é revoltante. Num país desigual como o nosso, onde milhares de pessoas não se alimentam adequadamente ou passam fome, não é possível pedir jejum. As palavras do profeta viajam no tempo e se atualizam na sua denúncia de uma religiosidade vazia e hipócrita. Em vez de conclamar o povo a pedir a Deus para "curar" o Brasil, o certo seria estimular o isolamento social, investir no SUS e garantir uma renda básica universal.

No auge da pandemia, muitas lideranças religiosas quiseram manter seus templos abertos para realizar cultos, alegando que a determinação de fechar a "casa de Deus" desrespeitava o direito à liberdade religiosa. O presidente, por meio de um decreto, chegou a considerar os templos religiosos um tipo de serviço essencial. Pergunto-me se por trás desse tipo de religiosidade inconsequente, além de uma visão completamente distorcida da fé, não existe também o interesse econômico de deixar os templos lotados para a manutenção do ritmo de arrecadação financeira. Certamente Deus nada tem a ver com isso, pelo menos sob a ótica da tradição bíblica e da profecia de Isaías. Portanto, é preciso rejeitar todos os mecanismos religiosos que penetram no Estado com objetivo de poder.

Contudo, é importante afirmar, cuidadosa e didaticamente, a relevância política e pública da espiritualidade e das religiões. É evidente que o contexto histórico das profecias de Isaías que venho citando era outro, quando não havia a separação formal entre religião e política, e sem cair em anacronismos, gostaria de propor uma reflexão. A religião não deve ser um projeto de Estado, mas também não precisa estar alienada da ordem social. A necessidade ética do compromisso prático e político com os pobres e os oprimidos como fruto de obediência à vontade de Deus pode nos ajudar a quebrar as correntes da injustiça e a experimentar uma vivência religiosa que extrapola os muros da individualidade.

Podemos nos colocar, religiosamente falando, ao lado dos sem-terra na busca por uma reforma agrária agroecológica; estar ao lado dos sem-teto na luta por uma reforma urbana que combata a especulação imobiliária e garanta direito à moradia para todas as pessoas; estar ao lado dos moradores das favelas e periferias lutando por políticas públicas de garantia de direitos e contra a violência; estar ao lado dos trabalhadores e trabalhadoras em prol de salários dignos, direito à aposentadoria; estar ao lado dos povos indígenas defendendo suas terras; estar ao lado do povo negro, das mulheres, da comunidade LGBTQIAP+; estar ao lado dos famintos defendendo uma renda básica universal.

Enfim, muitos podem dizer que esse é tão simplesmente um programa político sem qualquer relação com a espiritualidade, mas reivindico o Êxodo, a caminhada no deserto, os profetas e Jesus para relacionar fé e política numa postura de serviço ao povo, sempre na esperança da ação redentora e definitiva de Deus no horizonte da história. Fico com as palavras de dom Helder em sua linda oração a Maria. Nessa oração, ele fala da questão do racismo, do direito à moradia, da busca pela paz, de um mundo de igualdade e justiça:

> Mas é importante Mariama, que a Igreja de Teu Filho, não fique em palavra, não fique em aplauso. Não basta pedir perdão aos erros de ontem. É preciso acertar os passos de hoje, sem ligar ao que disserem. Claro que dirão, Mariama, que é política, que é subversão. É Evangelho de Cristo, Mariama.[1]

Voltando ao texto do profeta, existe uma segunda sequência de exigências feitas por Deus no que diz respeito ao verdadeiro jejum: repartir o pão com os famintos, recolher em casa os pobres desabrigados, vestir os que se encontram nus, não voltar as costas ao semelhante. Essa sequência aponta para ações individuais vinculadas à primeira sequência de mudanças estruturais. Quantas vezes, diante da complexidade dos problemas sociais e de seu caráter estrutural, nos sentimos impotentes e acabamos nos desresponsabilizando diante de tais realidades? No entanto, sempre há algo a fazer na esfera da ação pessoal que sinalize os valores decorrentes do compromisso com Deus. São gestos e decisões do dia a dia, que começam quando passamos a não ser indiferentes a quem sofre.

Podemos cultivar jardins de esperança em nossa casa, em nosso ambiente de trabalho, em nosso ciclo de relações pessoais, em nossa caminhada pelas ruas da cidade. É nossa tarefa ir criando pequenos mundos de justiça, alteridade, horizontalidade, cooperação e partilha. É planejamento pessoal de acordo com a centralidade ética do amor. Creio, de coração, que é por esse caminho que a espiritualidade poderá se manifestar como verdadeira devoção. Assim interpreto as palavras da linda canção por João Alexandre:

Cuida do passarinho e também da flor
Eles esperam pelo teu amor
Faz do teu lar um ninho e do mundo, um chão
Onde se plante paz e comunhão.
[...]
Faz tua nova casa na varanda do velho chão
Convida teu irmão para vir morar contigo
Planta paredes novas feitas para servir de lar e abrigo.
[...]
Cuida da tua morada.
Cuida do pequeno mundo.
Deixa teu irmão bem perto,
Livre...[2]

Para Jesus, a verdade era o amor. Fora do amor não há verdade.
O amor é sempre libertador.

14. Jesus de Nazaré e sua mensagem

Existe uma despolitização histórica de Jesus de Nazaré, como se ele pudesse ser compreendido fora do contexto histórico de sua existência. Ora, se quero contar para uma pessoa quem foi Martin Luther King, eu necessariamente preciso falar da luta contra a segregação racial nos Estados Unidos, do histórico de escravidão do povo negro, do racismo estrutural operado pela supremacia branca naquele país. Só depois dessa mínima contextualização é que se pode compreender a vida, a obra e as palavras de Luther King. O mesmo raciocínio se aplica a qualquer figura histórica.

Contudo, infelizmente existe uma desconexão histórica entre a percepção de Cristo e a memória a respeito de Jesus de Nazaré. Considero esse um dos principais, se não o principal, problema da história do cristianismo. Um problema de graves consequências. Jesus foi preso, torturado e executado pelo Império Romano, entregue por líderes religiosos articulados com aquele poder imperial. Três séculos depois, o movimento que Jesus havia criado se tornou a religião oficial do mesmo Império que o matou. Um contrassenso profundo: a mensagem que originalmente nasceu das pessoas oprimidas e periféricas passou a ser interpretada pelos ricos e poderosos. Essa mudança de acesso ao Evangelho é uma das razões pelas quais se produziu, e ainda se produz, uma imagem de Jesus tão contrastante daquilo que é testemunhado nas histórias dos Evangelhos. Só a informação de que a crucificação era uma forma de punição do Império Romano para intimidar os rebeldes nas províncias deveria provocar uma séria reflexão sobre quem foi Jesus de Nazaré e o significado de sua mensagem.

Existe uma leitura histórica predominante sobre Jesus que isola o contexto histórico de sua vida, tratando-o como um mestre religioso de palavras etéreas e sem implicações nas estruturas políticas e econômicas do seu tempo. É uma leitura confessional, que afirma a divindade de Jesus, mas subtrai a sua humanidade. A partir dessa perspectiva, se constrói uma espiritualidade não engajada socialmente, como se essa dimensão histórica fosse mundana, passageira, pouco importante.

Em muitos ambientes teológicos, Jesus é exclusivamente um salvador de almas — compreendendo-se por "salvação" a dimensão pós-morte, em que a pessoa salva por Jesus não vai para o inferno, mas para o céu. Tal percepção tornou possível uma ação histórica do cristianismo extremamente violenta em muitos contextos. Seja como base para a colonização genocida da América a partir do século XVI ou corroborando o espírito do capitalismo no contexto contemporâneo, o fato é que o cristianismo se afastou da mensagem do Evangelho de Jesus.

Minha escrita evidentemente nasce de pesquisas, leituras, reflexões e, sobretudo, de uma paixão profunda pelo Evangelho e da fé em Jesus como Deus entre nós, manifestando seu amor pela humanidade, reconciliando-a com a justiça e defendendo a causa dos pobres e dos oprimidos. Minha escrita é atravessada pela minha experiência de Deus, cultivada desde a infância no seio de minha família, na minha comunidade de fé (Igreja Batista do Caminho) e nos movimentos sociais dos quais participo. A partir desse pressuposto confesso de fé, entendo que quanto mais me aproximo do Jesus de Nazaré mais se descortina o sentido de Deus para mim. Como diz dom Pedro Casaldaliga, que cito mais uma vez, em Jesus Deus se fez carne e classe, isto é, Deus assumiu por amor a experiência da humanidade e nela fez da experiência dos oprimidos a base de sua revelação.

Segundo Richard Horsley, existem pelo menos quatro fatores inter-relacionados que explicam a construção de um Jesus despolitizado.[1] O primeiro e mais importante é o pressuposto ocidental moderno de uma experiência religiosa separada da política e da economia. Parte-se da ideia de que Jesus era uma figura exclusivamente religiosa, portanto sua pregação não tinha implicações políticas. O segundo é o elemento do individualismo ocidental moderno. Esse individualismo é projetado sobre as sociedades antigas e, dessa forma, se pensa em Jesus como um indivíduo completamente separado das relações sociais de sua época. No máximo se percebe Jesus em interação com outros indivíduos, não com grupos e estruturas sociais.

O terceiro elemento é a orientação acadêmica dos principais intérpretes de Jesus. Na busca por critérios científicos de interpretação, pesquisadores bíblicos procuram eliminar todos os traços considerados míticos, fantásticos e milagrosos que não passam pelo crivo da racionalidade moderna. Assim, se procura identificar quais seriam os ditos autênticos de Jesus. O efeito comum é que os Evangelhos são reduzidos a ditos religiosos dirigidos a indivíduos. Separação entre religião e política, individualismo metodológico e redução dos Evangelhos a fragmentos que façam sentido para a racionalidade moderna tendem a transformar Jesus em um mestre religioso com uma mensagem dirigida a indivíduos específicos.

O quarto e último fator levantado por Horsley é a eliminação do banco de dados das supostas palavras autênticas de Jesus: tudo que pudesse causar embaraços para nossa compreensão moderna. Todas as palavras ditas por Jesus referentes a juízo e condenações proféticas são atribuídas a seguidores seus, ressentidos diante de sua morte e de um suposto fracasso de sua missão. Subtraindo-se a dimensão profética e os juízos proclamados por Jesus, sobrava a ideia de um mestre religioso sem implicação política para a sociedade na qual vivia.

> Seja qual for a credibilidade desse quadro, como reconstrução histórica, ele mostra um instrutor individual despolitizado pronunciando aforismos isolados que pertencem apenas a um estilo de vida contracultural individual fora de qualquer contexto político-econômico particular e sem implicações políticas.[2]

A partir dessa visão, Jesus apresenta um estilo alternativo de comportamento, sem entrar em confronto com as estruturas de poder daquela sociedade. Considerando essa visão, fica até difícil entender a razão pela qual Jesus teria sido crucificado.

Esses aspectos se demonstram equivocados porque nas sociedades tradicionais não havia a separação moderna entre religião e política, e porque o individualismo moderno não dá conta da identidade das pessoas. As identidades individuais são sempre complexas e se explicam relacional, histórica e socialmente. Também é importante dizer que frases, ditos e histórias só são compreendidos porque existe um universo de significados compartilhados e uma tradição cultural comum que permite a sua compreensão. Por fim, rejeitar os juízos de Jesus também constitui problema porque se cria uma figura histórica absolutamente diferente de seu contexto, o que parece pouco razoável.

15. Jesus livre de tudo, servo do amor

Jesus não se prendia a regras, e em tudo buscou a plenitude do viver. Buscava referências nas Escrituras Sagradas, mas suas ações estavam voltadas para a concretude da vida. Ele tentava descobrir a vontade de Deus para cada situação. Por isso gosto de dizer que as regras religiosas e sociais podem servir de referência, jamais de prisão. Toda norma deve ser avaliada pelo filtro da experiência humana, da ética. Nesse sentido, o exemplo de Jesus é inspirador. Ele se abria para as novidades, para as singularidades de cada indivíduo. Ele tinha vontade de encontrar as pessoas, disposição para ouvir suas histórias e compreender seus anseios, desejos e sofrimentos. Olhem para o próximo como Jesus olhava para as pessoas: com afeição, carinho, respeito e amor. Ele não julgava nem descartava ninguém a priori. Seu coração estava sempre disponível e disposto ao encontro e à comunhão. Era acolhedor e inclusivo. Em cada situação, o que interessava a Jesus era promover o bem comum, libertar as pessoas das amarras da culpa, do medo, do ódio. Ele desejava derrubar todos os traços que alienavam o ser humano, que impediam sua plenitude e máxima expressão. Jesus não provocava medo em ninguém, ele atraía.

Mas Jesus também denunciava as estruturas injustas da sociedade e as regras que provocavam exclusão e sofrimento. Ele não se contentou com a caridade, ele desenvolveu uma solidariedade libertadora. Mais do que ajudar as pessoas, Jesus ia contra o sistema social, cultural e religioso que causava sofrimento. Por essa razão, ele assumiu riscos. Geralmente, a caridade é aplaudida, acomodada ao sistema de poder e por ele aceita. Não é assim com a solidariedade, pois ela questiona as raízes da opressão, busca caminhos diferentes e, justamente por isso, é perseguida.

A solidariedade é um valor que funda uma nova sociedade sem opressão e injustiças, então ela necessariamente toca em privilégios e causa incômodos. Jesus foi perseguido, pois não se calou diante das regras que excluíam pessoas e mantinham privilégios de determinados grupos. Ele era livre para julgar em cada situação o que era melhor para a vida, para o próximo e para o bem comum. Sendo assim, a verdade para Jesus não era um conceito fechado e preestabelecido, mas uma relação que se estabelecia no encontro, na concretização do amor.

É triste quando a experiência religiosa faz exatamente o contrário: amarra o ser humano em regras intocáveis; retira sua autonomia para pensar e questionar; suprime a possibilidade de mudança; subtrai o bom senso e a razoabilidade; provoca medo, culpa e indisposição ao diálogo; estimula aversão à diversidade e, por fim, acaba diminuindo a capacidade de amar. Desse jeito a experiência religiosa se torna pesada, fechando o ser humano em uma doutrina que se pretende verdade absoluta. A vida perde o gosto da novidade e da curiosidade. A mente fica muito mais disposta a responder do que a perguntar; a julgar do que acolher. O coração fica frio e indiferente ao sofrimento humano. Quantas vezes, em nome de Deus, já se legitimou e se estimulou a violência, a morte?

São inúmeros exemplos ao longo da história: mulheres lançadas na fogueira da Inquisição; escravidão do povo negro; dizimação dos povos indígenas; perseguição contra irmãos e irmãs das religiões de matriz africana; apoio a regimes autoritários e ditatoriais promotores de tortura, execuções sumárias, prisões arbitrárias, perseguições políticas, exílio e tantos outros tristes exemplos de quando a religião justifica, autoriza e estimula processos contrários à vida e à humanidade. Essa é uma forma equivocada, fundamentalista, extremista e fanática de viver a experiência religiosa. No limite, é uma forma que acaba traindo a própria origem do sentimento religioso.

Aponto a pessoa de Jesus como inspiração para o resgate daquilo que de mais humano e divino existe na experiência religiosa. Jesus teve liberdade para desatar os nós que amarram a consciência e o coração e resgatar no ser humano o que ele tem de mais original e potente: a possibilidade de amar. Toda norma social e toda regra religiosa devem permanentemente se converter às exigências éticas do amor, e é nessa abertura ao amor que se pode desvendar a vontade de Deus na história. Onde o amor floresce, Deus aparece. Onde o ser humano é mais pleno e feliz, a vontade de Deus está se manifestando. A espiritualidade nasce no coração humano e significa permanente abertura ao próximo. Espiritualidade humaniza, abre a mente e quebranta o coração, suscita curiosidade diante do agir de Deus no mundo.

A partir de agora, resgato alguns exemplos dos Evangelhos que mostram essa liberdade amorosa de Jesus. Sim, uma pessoa livre de tudo, insuportável para qualquer fundamentalismo, aberta e curiosa, agindo sempre sob a soberania ética do amor.

16. Não há lei se há fome

Uma das histórias dos Evangelhos de que mais gosto está em Marcos (2:23-7), tanto que escrevi sobre ela em meu livro *O amor como revolução*, publicado em 2019. Por isso, minha intenção inicial era explorar outras narrativas bíblicas, igualmente importantes e impactantes, a meu ver, mas diante das recentes notícias sobre o recrudescimento da fome no Brasil, resolvi retomar esse texto. Os dados são impressionantes demais para que fechemos os olhos para essa questão. Em fevereiro de 2022, 116,8 milhões de brasileiros não tinham acesso pleno e permanente à comida. Mais da metade dos lares viviam um cenário de insegurança alimentar.[1] As imagens de pessoas revirando lixo ou entrando numa fila para receber doação de ossos escancaram a crueldade desse cenário.

Conta Marcos que, certa vez, Jesus estava com seus discípulos colhendo espigas de milho num sábado. Segundo a tradição religiosa, o sábado deve ser um dia de descanso, totalmente consagrado ao Senhor. A origem dessa norma está no exílio babilônico do povo judeu. Diante de tamanha exploração imposta pelo Império dominador, o povo desenvolveu a perspectiva de que o descanso é um direito sagrado. A base desse entendimento está na própria narrativa da criação do mundo, quando no sétimo dia da semana (sábado) Deus descansou da obra de suas mãos. Se Deus descansou, então o povo tem o direito de descansar também. Portanto, a origem da lei de guardar o sábado é belíssima e relacionada à luta contra a opressão. Todos nós merecemos descanso e, na verdade, precisamos de tempo livre para desfrutar da família, dos amigos, das coisas que gostamos de fazer. Quem não se sente cansado diante de uma agenda de trabalho muito apertada? E ainda resta dizer que poucas pessoas têm o privilégio de trabalhar com aquilo de que realmente gostam. A maioria luta para sobreviver e tem pouco tempo para desfrutar dos benefícios do seu trabalho.

Contudo, voltando ao tempo de Jesus, a essência e o espírito dessa lei de guardar o sábado já estavam perdidos no imaginário de parte do povo. Era uma regra pela regra, e muita gente guardava o sábado sem saber do seu verdadeiro significado. Além disso, algumas pessoas privilegiadas economicamente também não guardavam esse preceito visando ao lucro – portanto, esse preceito religioso era relativizado por conveniências econômicas, visando ao benefício individual.

Pois bem, dito isso, alguns fariseus (grupo religioso extremamente conservador que zelava por guardar literalmente os pormenores da lei religiosa) chegaram até Jesus e fizeram o seguinte questionamento: Por que seus discípulos estão fazendo o que não é permitido no sábado? Jesus, sempre muito inteligente, usa o próprio referencial das Escrituras para discutir a questão. Ele cita o exemplo de ninguém mais ninguém menos do que o rei Davi, importante símbolo da história de Israel. Jesus diz que Davi entrou na casa de Deus (o Templo), comeu pães consagrados que só os sacerdotes podiam comer e ainda deu aos seus amigos. Em outras palavras: Davi desobedeceu a vários preceitos religiosos seríssimos. E por que ele fez isso? Simplesmente porque ele e seus amigos estavam com fome! Havia uma necessidade humana urgente que deveria ser mais importante do que aquelas interdições. A regra se convertia às demandas da vida.

Contando essa história, Jesus estava justificando a atitude dele e de seus discípulos. Eles estavam colhendo espigas em pleno sábado porque estavam com fome; portanto, mais importante do que guardar o sábado era cuidar do corpo, saciar a fome. Não era por conveniência, mas por necessidade. Não era luxo, mas sobrevivência. Deus quer o povo vivo e bem, descansado e feliz, com vida digna e livre. Nada disso é possível diante da fome. É muito importante atentar que Jesus e seus discípulos eram pobres. Então não se trata de uma simples vontade de comer, mas da necessidade de alimentação.

E Jesus arremata de forma genial, com puro e simples bom senso: não foi o ser humano feito para o sábado, mas o sábado feito para o ser humano. Isso significa que o ser humano não pode ser escravizado e submetido irrefletidamente a qualquer tradição religiosa ou norma social, mas que todas as tradições e normas devem servir à dignidade humana e serem modificadas, relativizadas ou rompidas quando não dão conta dessa dignidade e da necessidade de vida plena.

O bom senso, portanto, é a capacidade de discernir em cada situação da vida o que é mais capaz de promover o bem-estar das pessoas, a plenitude da existência humana! Bom senso tem relação com discernimento, leitura da realidade, liberdade para refletir e responsabilidade para agir. A vida é complexa e não há um manual que dê conta. Jesus tinha suas referências nas Escrituras sagradas, mas tinha bom senso para interpretar as questões de seu tempo e desvendar a vontade de Deus, que é sempre boa, perfeita e amorosa!

Outra passagem aborda a mesma questão, porém em outra situação. Jesus havia entrado numa sinagoga (lugar de oração e de estudo das Escrituras sagradas) e havia ali um homem com uma das mãos atrofiada. Segundo o texto, alguns fariseus estavam ali para vigiar Jesus, buscando algum motivo para acusá-lo. Reparem que não existe disposição de diálogo. Esse é um efeito da vivência distorcida da religião, pois ela antecipa um olhar preconceituoso que condena e descarta pessoas dentro do próprio coração. Imaginem a cena: um homem enfermo, um grupo de fariseus observando atentamente a Jesus, que já era conhecido e reconhecido por sua capacidade de curar.

Jesus pede que o homem enfermo se levante e fique no meio da sinagoga. A tensão aumenta. Então, Jesus faz a seguinte pergunta: O que é permitido fazer no sábado, o bem ou o mal, salvar ou matar? Ninguém responde e o silêncio toma conta do lugar. A resposta é aparentemente simples e óbvia: promover o bem, salvar a vida, ajudar quem sofre. Para mim, a pergunta de Jesus já carregava a resposta em si. Ela visa resgatar nas pessoas algo que elas já sabem, mas que estava sufocado por uma vivência distorcida da religião. Jesus não traz ou revela nenhuma novidade, mas apela para o que aparentemente estava guardado e esquecido no mais profundo de cada homem ali presente.

Como é possível tamanha indiferença diante do sofrimento humano? Que experiência religiosa é essa que produz a perda da capacidade de sentir e de pensar, que revela tamanha falta de bom senso? Como o que é simples se tornou tão complicado? Como uma lei pode ser mais importante que uma vida? Jesus fica profundamente entristecido com a dureza do coração daqueles homens, então ele disse para o enfermo: "Estenda a mão!". Assim o homem fez e sua mão ficou completamente restaurada.

Os fariseus saíram dali com a prova de desobediência que tanto queriam e foram conspirar com os apoiadores do Império Romano para armar a prisão de Jesus. É isto mesmo que vocês estão lendo: aqueles homens ficaram com raiva de Jesus simplesmente por ele ter feito o bem e curado um homem. Eles se sentiram ofendidos com a liberdade de Jesus. Eles estavam guardando o sábado enquanto preceito e, na prática, oprimindo a vida e reproduzindo mecanismos de violência. Eles guardaram a letra, mas esqueceram seu sentido; tornaram-se indiferentes a ela e perderam o bom senso em nome da fidelidade literal ao texto sagrado, desobedecendo a Deus.

Assim, Jesus enuncia uma verdade simples: deve-se olhar para a tradição a partir do filtro ético do amor. Jesus era livre para desobedecer a regras que se tornavam pesadas e obsoletas, pois o que ele queria de fato, e sempre, era o bem da vida em todas as suas formas. Mais importante é fazer o bem, amar o próximo, socorrer quem precisa de ajuda, cuidar de quem sofre. Isso sim é revolucionário!

17. Eu não te condeno

Os textos bíblicos que vêm a seguir se inspiram no trabalho de muitas mulheres que fazem exegese bíblica feminista. Mulheres que quebram as barreiras da leitura patriarcal e misógina da Bíblia. A capacidade de imaginar o texto para além do escrito, de identificar as vozes silenciadas é própria da teologia feminista. São nomes como os de Ivoni Richter, Elsa Tames, Elisabeth Fiorenza, Ivone Gebara, Odja Barros, Nancy Cardoso, Carolina Bezerra, Ana Esther dentre tantas outras mulheres que pavimentam um caminho sério, acadêmico, pastoral, engajado e popular de leitura e interpretação da Bíblia. Sugiro que vocês, leitores e leitoras deste livro, pesquisem sobre teologia feminista e procurem ler os trabalhos dos nomes que citei e de outras mulheres cujas fé e interpretação da Bíblia corrigem nossas lentes patriarcais.

A primeira história está em João 8:1-11. Diz João:

Jesus foi para o monte das Oliveiras.

Antes do nascer do sol, já se achava outra vez no Templo. Todo o povo vinha a ele e, sentando-se, os ensinava.

Os escribas e os fariseus trazem, então, uma mulher surpreendida em adultério e, colocando-a no meio, dizem-lhe: "Mestre, esta mulher foi surpreendida em flagrante delito de adultério. Na Lei, Moisés nos ordena apedrejar tais mulheres. Tu, pois, que dizes?".

Eles assim diziam para pô-lo à prova, a fim de terem matéria para acusá-lo. Mas Jesus, inclinando-se, escrevia no chão com o dedo. Como persistissem em interrogá-lo, ergueu-se e lhes disse: "Quem dentre vós estiver sem pecado, seja o primeiro a lhe atirar uma pedra!".

Inclinando-se de novo, escrevia no chão. Eles, porém, ouvindo isso, saíram um após o outro, a começar pelos mais velhos. Ele ficou sozinho e a mulher permanecia lá, no meio.

Então, erguendo-se, Jesus lhe disse: "Mulher, onde estão eles? Ninguém te condenou?".

Disse ela: "Ninguém, Senhor".

Disse, então, Jesus: "Nem eu te condeno. Vai, e de agora em diante não peques mais".

Uma mulher exposta ao julgamento e à condenação dos homens. O texto afirma que ela foi flagrada em adultério e levada para o centro de uma roda composta de homens, todos dispostos a apedrejá-la. Certamente foi levada à força, sob olhares acusatórios e palavras de intimidação e escárnio. Tudo nessa cena é violento: a seletividade do juízo (afinal, onde estava o homem? Só a mulher foi flagrada em adultério?); a condução de seu corpo contra a sua vontade (o domínio do homem sobre o corpo da mulher); a exposição do caso ao público; o linchamento social estabelecido; o uso da mulher por religiosos para confrontar Jesus; a leitura da lei para aplicação de uma pena fatal.

Nada escapa de um atravessamento patriarcal e machista nesse relato. Leio esse texto tentando enxergar o rosto dessa mulher. Que sentimentos ela expressa no olhar, quais palavras pronunciam seus lábios, qual a frequência de sua respiração? Quero saber seu nome, sua história, seus sonhos, mas o texto bíblico está fundamentado numa cultura patriarcal que nos rouba informações sobre essa mulher.

Leio esse texto me perguntando como terá sido sua noite anterior. Será que ela vivia uma paixão avassaladora? Teria com seu amante momentos de cumplicidade e troca que não tinha com o marido? E por que apenas ela foi levada? Por que só ela era transgressora? Onde está o homem desse acontecimento? Ele também não é adúltero? Ele não acompanhou a mulher para tentar protegê-la? Não pôde ou não teve coragem para assumir sua responsabilidade?

O fato é que o corpo e a liberdade dessa mulher por si só constituíam uma afronta para aquela sociedade patriarcal. Corpo desejante e autônomo, livre e criador de seus caminhos; corpo de mulher desautorizando uma sociedade que relegava às mulheres um lugar de submissão e silenciamento.

Na condição de homem não tenho, por razões óbvias, a melhor capacidade para elucidar esse texto e extrair dele sua máxima potência de significado. Vivemos numa sociedade marcada pelo patriarcado e pelo machismo, e nós homens, porque ocupamos uma posição de poder e de privilégio, necessariamente produzimos e reproduzimos atitudes machistas. Na verdade, o machismo não está tão somente nas nossas atitudes, mas na nossa formação, na educação, na forma de conhecer o mundo, na nossa subjetividade e no nosso olhar. Precisamos viver esse desconforto, assumir esse constrangimento, não procurar defesa, mas sim mudança. Temos que transformar nossas concepções e ações não como um favor que merece elogios e visibilidade, mas como dever ético que nos faz retomar nossa humanidade. Precisamos ler esse texto nos sentindo parte de uma cultura que ainda captura corpos femininos, interdita seus desejos, julga seus instintos e condena sua liberdade.

Aquela mulher está no meio da roda não para que todos a ouçam, mas para ser julgada. E ela está ali porque escribas (especialistas na lei religiosa) e fariseus (grupo religioso conservador e apegado aos pormenores da lei) queriam usá-la para confrontar Jesus. Isso significa que ela, além de tudo, era como um objeto numa disputa religiosa. A experiência fundamentalista da religião faz exatamente isto: coloca dogmas acima das pessoas. O fundamentalismo patriarcal joga com a vida das mulheres para inflar o ego de homens sedentos de poder e grandeza.

Então, aqueles homens contam para Jesus que aquela mulher havia sido flagrada em adultério e dizem que, segundo a lei, ela deveria ser apedrejada. Eles recorrem à lei e à autoridade de Moisés para justificar a execução dela. Nesse caso, não se trata apenas do fundamentalismo e de seus efeitos, mas de misoginia explícita.

Jesus, no entanto, olha para aqueles homens e faz a seguinte proposição: quem de vocês não tiver cometido pecado seja o primeiro a atirar uma pedra. Agora são os homens que estão no centro da ação, e não para julgar, mas para serem julgados. Jesus está desvelando um sistema em que o ódio sobre o outro é a maneira mais eficaz de esconder as próprias violências e maldades. Jesus está demonstrando que a sede de condenação sobre aquela mulher era fruto da total incapacidade daqueles homens de reconhecerem seus erros. Na prática, Jesus estava desautorizando aqueles homens, denunciando e impedindo uma violência.

Creio que nós, homens, precisamos nos inspirar nas palavras de Jesus para nos desautorizarmos desse lugar de poder, de domínio, de controle, de imposição de silêncio às mulheres. Creio que devemos ser confrontados e ouvir todas as palavras ditas por ela que o texto não nos contou. Essas palavras gritam o tempo inteiro diante de nós por meio da luta das mulheres, e o que nos cabe é o silêncio, a reflexão, o arrependimento. Precisamos ir para o centro dessa roda, aceitando essa inversão feita por Jesus. Nesse centro não nos cabe a fala, mas a escuta; não nos cabe dar a direção, mas receber o direcionamento; não nos cabe olhar para fora, mas para dentro. O corpo dessa mulher e suas palavras devem nos corrigir individualmente, mas também nossas estruturas sociais. As palavras não ditas por essa mulher estão sendo pronunciadas hoje por muitas mulheres que denunciam o feminicídio, a violência sexual, agressões físicas e verbais; a objetificação do corpo feminino, a desigualdade no mercado de trabalho, a falta de representatividade nos espaços de poder. O corpo e as palavras dessa mulher também denunciam uma estrutura de igreja e uma forma de leitura bíblica que autorizam e legitimam múltiplas violências contra as mulheres.

É preciso reconhecer que em muitas igrejas o ambiente é exatamente como aquele produzido pelos escribas e pelos fariseus: a mulher é vigiada, seus desejos são julgados, seu comportamento é condenado, suas atitudes são tipificadas como erradas. O histórico institucional de muitas igrejas é repleto de violências contra as mulheres. Quem não conhece casos de uma gravidez fora do casamento em que a mulher é excluída e o homem não? Quem não conhece casos em que a roupa da mulher é definida socialmente e a do homem não? Quem não conhece casos em que mulheres se mantêm em casamentos opressores e violentos por conta de um jugo religioso?

Diz Ronilso Pacheco, em artigo que relaciona a cultura do estupro com a leitura bíblica, sobre esse mesmo texto de João:

> A cultura do estupro está quando a gente continua culpabilizando a mulher no capítulo 8 do Evangelho de João, assumindo a fala de sua acusação de adultério, mesmo o texto mostrando o machismo violento e arrogante dos homens, velhos e jovens, que a trouxeram

para cumprirem com satisfação a lei que os livrava de qualquer responsabilidade de violação contra as mulheres, mas punia esta por qualquer reivindicação de decisão sobre o corpo.[1]

Cabe ainda apontar que Jesus, antes mesmo de fazer a provocação, abaixou-se e começou a escrever no chão. O texto não diz o que ele escreveu, mas duas hipóteses podem ser consideradas. A primeira é que Jesus estava escrevendo os pecados cometidos por aqueles homens. A segunda é que Jesus estava perguntando pelo homem que estava com ela. Nesse caso, Jesus estaria condenando a lógica que faz com que os homens se sintam no direito de julgar somente as mulheres. Aquela mulher não estava sozinha quando foi flagrada, e o fato de ela estar ali, exposta ao julgamento, diz muito sobre a violência do sistema social e cultural contra as mulheres. Leio esse texto a partir desta dupla chave de interpretação: Jesus condena a hipocrisia individual masculina e o sistema de exclusão às mulheres.

No relato, os homens vão embora, um a um. Seu sistema de controle é silenciado e ficam apenas Jesus e a mulher. Jesus pergunta para ela: Ninguém te condenou? Ela responde que não, e essa é a única vez que sua voz aparece. Jesus diz que ela vá embora e não peque mais. Em nossa cultura patriarcal e fundamentalista, a parte que é mais ressaltada na leitura desse texto é justamente esta última fala: "Não peques mais". Trata-se dessa tendência de sempre reforçar o controle pelo medo de que as pessoas leiam essa história e se inspirem na não condenação. Então, o que é um detalhe, se torna eixo interpretativo central.

O que considero curioso é que na mesma fala de Jesus aparece a palavra "vai". Para mim, ela simboliza o apreço de Jesus pela liberdade daquela mulher. Jesus não reivindica para si o lugar de seu protetor e tutor, não pede que ela fique em sinal de gratidão, não estabelece uma relação de dívida, não exige nada. Nesse "vai", vejo Jesus estimulando que aquela mulher siga seu caminho, seja protagonista de sua história. Jesus diz a ela que vá sem o jugo da condenação!

Infelizmente, nossa sociedade faz o movimento contrário: o que vemos é o "fique aqui" da submissão, do controle, do estigma da culpa. Mas a luta das mulheres exige abertura de caminhos – aliás, elas já estão abrindo esses caminhos e não dependem de nossa autorização, consentimento ou aplauso. Jesus foi, mais uma vez, livre para relativizar a lei e permitir que o corpo fosse livre.

18. Jesus muda de ideia

Todo texto bíblico tem um fundo comunitário que lhe dá sentido. Os textos não nascem sem contexto. No trecho citado a seguir, Jesus está caminhando por um território estrangeiro quando uma mulher em situação de aflição se aproxima dele e pede socorro. A situação descrita aqui reflete um conflito presente nas primeiras comunidades seguidoras de Jesus. De um lado, havia um pensamento que reproduzia uma lógica de não abertura da mensagem de Jesus para os estrangeiros, pois estes seriam impuros, perturbadores da tranquilidade do povo de Israel. Do outro, um pensamento que defendia o pleno acolhimento de estrangeiros, sem qualquer dispositivo de discriminação. Também salta no texto, para além da questão racial, a posição das mulheres naquela sociedade. Havia um pensamento hegemônico que colocava as mulheres no patamar da inferioridade e da submissão. Qual era o lugar dos estrangeiros e das mulheres nas primeiras comunidades cristãs? Esta é a pergunta que, para mim, perpassa essa passagem.

Mas vamos à história. De acordo com Mateus (15:21-28):

Jesus, partindo dali, retirou-se para a região de Tiro e de Sidônia. E eis que uma mulher cananeia, daquela região, veio gritando: "Senhor, filho de Davi, tem compaixão de mim: a minha filha está terrivelmente endemoninhada".

Ele, porém, nada lhe respondeu. Então os seus discípulos se chegaram a ele e pediram-lhe: "Despede-a, porque vem gritando atrás de nós".

Jesus respondeu: "Eu não fui enviado senão às ovelhas perdidas da casa de Israel".

Mas ela, aproximando-se, prostrou-se diante dele e pôs-se a rogar: "Senhor, socorre-me!".

Ele tornou a responder: "Não fica bem tirar o pão dos filhos e atirá-lo aos cachorrinhos".

Ela insistiu: "Isso é verdade, Senhor, mas também os cachorrinhos comem das migalhas que caem da mesa dos seus donos!".

Diante disso, Jesus lhe disse: "Mulher, grande é tua fé! Seja feito como queres!". E a partir daquele momento sua filha ficou curada.

A forma como a mulher cananeia o chama – "Filho de Davi" – revela que ela reconhece em Jesus a figura do Messias. Num primeiro momento, Jesus fica simplesmente em silêncio e logo os discípulos se aproximam e pedem que ele expulse a mulher.

Os discípulos partem de uma perspectiva de supremacia religiosa e cultural, atuando de maneira discriminatória e segregacionista. Eles a desconsideram tanto por ser estrangeira quanto por ser mulher. Querem manter distância, pois o contato com ela os tornaria tão impuros quanto ela. O pedido de ajuda da mulher não causa compaixão, pois seus afetos estavam atravessados pelo preconceito. A indiferença é um efeito do preconceito, impossibilitando laços de empatia, misericórdia e solidariedade. A mulher pedia socorro pela situação da filha, mas essa condição dramática batia no muro da pretensão de monopolizar a experiência de Deus. O sofrimento de muitas pessoas ainda hoje não é reconhecido por conta da indiferença causada pelo fundamentalismo religioso. Quantos grupos sociais estão mantidos sob opressão e seus gritos não são ouvidos? É o caso, por exemplo, das mulheres e do povo negro, da comunidade LGBTQIAP+, dos indígenas, das pessoas das religiões de matriz africana, de moradores de favelas e periferias em nosso país. São muitos os mecanismos, por vezes religiosos, que estigmatizam, impedem a escuta e geram o perturbador silêncio ou a revoltante resposta de ódio diante do sofrimento.

É possível dizer que, desse ponto de vista do preconceito, o sofrimento sequer é reconhecido, criando uma narrativa de que não existe uma opressão verdadeira e que esses grupos fazem uma espécie de gritaria sem sentido ou em busca de privilégios. Tal como o grito da mulher cananeia, o grito desses grupos causa incômodo e existe a solicitação que esses corpos se ponham em silêncio e se afastem. Os dispositivos de ódio também podem ser competentes ao fazer com que esse sofrimento seja reconhecido e comemorado. Daí não se trata mais de indiferença, mas da intenção de ver o outro ser punido por ser quem se é. Misoginia, racismo, xenofobia, intolerância religiosa são exemplos dessa espetacularização do sofrimento do outro.

Contudo, o texto segue. Após a demanda dos discípulos, Jesus responde reproduzindo o pensamento religioso hegemônico da época, pois diz "eu não fui enviado senão às ovelhas perdidas da casa de Israel" e "não fica bem tirar o pão dos filhos e atirá-lo aos cachorrinhos". Mas a mulher não se deixa vencer, e por ela todas as vozes oprimidas das primeiras comunidades cristãs se fazem ouvir. Ela diz que "também os cachorrinhos comem das migalhas que caem da mesa dos seus donos", denunciando a dureza e a insensibilidade daquele sistema cultural e religioso excludente. É enorme a injustiça de uma comunidade que faz com que mulheres e estrangeiros não possam ter sequer as sobras. E ela não quer migalhas, mas o direito pleno de acesso aos bens da comunidade: ela quer a cura de sua filha.

Jesus, na dinâmica do texto, muda de ideia e dá razão à mulher, pois "grande é tua fé". E assim livra a filha daquela condição de opressão e precariedade (possessão demoníaca). Houve ali uma cura comunitária, a prevalência da tese do respeito à diversidade e da dignidade de todas as pessoas. Como afirma a teóloga e pastora Odja Barros:

> Jesus se deixa interpelar pela excluída siro-fenícia e se abre para o diálogo com ela, sensibiliza-se com sua realidade e reconhece que o "pão" é direito de todas as filhas e filhos para além de Israel.[1]

Fica evidente a liberdade que Jesus teve para se deixar interpelar pelo grito dos oprimidos, para questionar os valores dominantes de sua tradição religiosa, para resgatar a ancestralidade acolhedora do povo de Israel; enfim, para mudar de ideia. A lógica da supremacia religiosa e cultural inviabiliza o diálogo, não se renova no tempo. Mas essa lógica foi quebrada e isso só foi possível por causa do grito, da perseverança e da convicção daquela cananeia. Em termos poéticos, Deus se deixa convencer pela força do grito de quem sofre. Doutrinas religiosas por vezes são frias e a vivência fundamentalista da religião faz com que fiquem petrificadas no tempo, fechadas em si mesmas. Se tornam eternas repetições acríticas de seus conceitos e esvaziadas de sentido e diálogo com a realidade. Mas Jesus é livre para reformular doutrinas e mudar de ideia!

19. A fé salva

Certa vez, Jesus foi convidado por Simão (membro do grupo dos fariseus) para jantar em sua casa. É bom lembrar que os fariseus eram extremamente conservadores e que zelavam pelo distanciamento com relação àqueles que eram chamados de pecadores. Convite feito e aceito, mesa posta, homens sentados, ambiente estabelecido, o texto, que é narrado por Lucas (7:36-50), ganha um tom dramático quando ele relata que "uma mulher da cidade, uma pecadora", entrou na casa para encontrar Jesus. Ela chega com um frasco de alabastro cheio de perfume, ajoelha-se diante dos pés de Jesus, começa a chorar e, com seus próprios cabelos, que estavam soltos, enxuga seus pés. Enquanto isso, ela ungia Jesus com o perfume que trazia. O corpo de Jesus foi envolvido tanto pelo perfume quanto pelas lágrimas da mulher. Sem uma palavra dita, a mulher domina aquele ambiente, manifesta seus afetos, derruba muros de exclusão.

Numa sociedade extremamente patriarcal, com o corpo da mulher sempre vigiado e escondido, imagine a transgressão daquela presença feminina. Ela não entrou e se sentou num cantinho, torcendo para que ninguém se desse conta de que estava ali. O texto avança em sua riqueza simbólica, afirmando que Simão, o fariseu, pensou consigo ou disse bem baixinho: "Se este homem fosse profeta, saberia bem quem é a mulher que o toca, porque é uma pecadora!". Simão estava condenando Jesus, mas este lhe disse: "Simão, tenho uma coisa a dizer-te".

E Jesus lhe conta uma história.

Aqui cabe ressaltar essa metodologia simples: histórias ativam a atenção, mobilizam a escuta, se conectam imediatamente com as demandas e as experiências de vida de quem as ouve. Jesus não era uma pessoa fechada, com um manual de regras debaixo do braço, cheio de respostas prontas e verdades prefixadas. Ele descobria Deus na aventura da convivência humana. Eis a história:

Um homem tinha dois devedores. Um lhe devia quinhentos denários, outro lhe devia cinquenta. Percebendo que ambos não podiam pagar, perdoou a ambos. "Qual dos dois o amará mais?", perguntou ele a Simão, que respondeu prontamente: "Suponho que aquele ao qual mais perdoou". E Jesus disse que seu julgamento estava correto.

Vamos analisar a situação: Jesus fala da impossibilidade de duas pessoas pagarem uma dívida. Isso era comum entre a população, tão subjugada pelo Império Romano. O povo empobrecia por endividamento e perdia suas posses por conta disso. Se a situação é corriqueira, o desfecho é excepcional. O credor, percebendo a impossibilidade do pagamento, por vontade própria decide perdoar as dívidas. Seria possível hoje um banqueiro tomado de consciência e sensibilidade perdoar a dívida de seus devedores? É factível uma pessoa pobre, endividada, receber uma ligação do banco com a notícia de que todas as suas dívidas foram canceladas? A diferença na quantia da dívida (quem é mais ou menos pecador) não é tão importante, pois o fato é que não se pode pagar. Quem tem o coração mais humilde consegue acolher mais a dádiva do perdão e, ao se sentir incondicionalmente amado, reage com amor. Jesus está implodindo uma lógica meritocrática e penitencial de relação com o sagrado, declarando a incondicionalidade gratuita do amor de Deus, tomando as pessoas desprezadas pelo sistema religioso como as primeiras que acolhem o mistério do amor de Deus.

Então Jesus se volta para a mulher e pergunta para Simão: "Vês esta mulher?". É uma provocação. Óbvio que Simão já tinha visto a mulher, mas agora ele precisava ver de outro jeito, precisava reconhecer a dignidade dela e tudo o que ele deveria aprender com ela. Repare na sequência do texto. Jesus diz para Simão: "Entrei em tua casa e não me derramaste água nos pés; ela, ao contrário, regou-me os pés com lágrimas e enxugou-os com os cabelos. Não me deste um ósculo; ela, porém, desde que eu entrei, não parou de cobrir-me os pés de beijos. Não me derramaste óleo na cabeça; ela, ao invés, ungiu-me os pés com perfume" (7:44-6).

Jesus inverte o jogo: enquanto Simão condenava Jesus por causa da mulher, Jesus condenava Simão por não enxergar de fato a mulher.

E Jesus finalmente diz: "Por essa razão, eu te digo, seus numerosos pecados lhe são perdoados, porque ela demonstrou muito amor". E diz à mulher: "Teus pecados são perdoados" e "Tua fé te salvou; vai em paz" (Lucas 7:48, 50).

Em mais uma história rica em significados, o Evangelho de Marcos (5:24-34) nos traz a seguinte história:

Ele o acompanhou e numerosa multidão o seguia, apertando-o de todos os lados.

Ora, certa mulher que havia doze anos tinha um fluxo de sangue e que muito sofrera na mão de vários médicos, tendo gasto tudo o que possuía sem nenhum resultado, mas cada vez piorando mais, ouvira falar de Jesus. Aproximou-se dele, por detrás, no meio da multidão, e tocou seu manto. Porque dizia: "Se ao menos tocar suas roupas, serei salva".

E logo estancou a hemorragia. E ela sentiu no corpo que estava curada de sua enfermidade.

Imediatamente, Jesus, tendo consciência da força que dele saíra, voltou-se para a multidão e disse: "Quem tocou minhas roupas?".

Os discípulos disseram-lhe: "Vês a multidão que te comprime e perguntas 'Quem me tocou?'".

Jesus olhava em torno de si para ver quem havia feito aquilo. Então a mulher, amedrontada e trêmula, sabendo o que lhe havia sucedido, foi e caiu-lhe aos pés e contou-lhe toda a verdade. E ele disse-lhe: "Minha filha, a tua fé te salvou; vai em paz e fique curada desse teu mal".

Gosto muito dessa história porque, para mim, ela fala de libertação. Segundo as leis ritualísticas da época, a mulher que tocou em Jesus, por conta dessa hemorragia, seria impura. Porém, ao ir em busca dele e tocá-lo, ela experiencia não só a cura física, mas uma libertação social. Percebam as sutilezas: ela se aproxima de Jesus entrando no meio da multidão, rompendo assim com sua situação de exclusão e distanciamento. Ela também se aproxima sozinha, e não amparada por sua família, seus amigos, sua comunidade. Como afirma Graciela Dibo, "muitas mulheres com as quais Jesus interage aparecem às margens da estrutura familiar patriarcal".[1] O texto indica sua condição de vulnerabilidade.

Como pano de fundo histórico, muitas pessoas têm pesquisado vozes femininas resistentes nesses textos marcadamente de teor patriarcal e androcêntrico, mostrando como o Evangelho de Jesus era uma referência de liberdade para as mulheres. Mais uma vez, diz Graciela Dibo:

> No nível da história contada, ela decide tocar o manto de Jesus para entrar em contato com o seu poder de cura/salvação. No nível do discurso, o verbo técnico "escutar" (*avkou,w/akouō*) sinaliza a legalidade do discipulado feminino pós-pascal que entra também, como a mulher, em relação com a ordem simbólica do evangelho de Jesus. Ambos os níveis narrativos assinalam a relação dialética de ida e volta entre as mulheres e o evangelho de Jesus como símbolo religioso com poder para a transformação. Elas compreenderam que devem transformar o mundo de relações e valores simbólicos para que o medo não tenha mais lugar.[2]

Existe ainda outro aspecto a ressaltar. Segundo Elisa Estáves e Mercedes Navarro, a menção à hemorragia tem relação com a sexualidade feminina: é uma referência à menstruação, mas também aponta que a sexualidade feminina estava fechada. Esse é mais um indicativo do potencial libertador dessa narrativa em seus muitos significados.

A história continua, e diz que quando ela encostou em Jesus, a hemorragia cessou. O narrador do texto usa um recurso atípico nos Evangelhos: abre espaço para um monólogo interior. A mulher diz para si mesma: "Se eu tocar nas roupas dele, serei curada/salva". Mais um indício das vozes femininas que estão na base desse texto e de como no Evangelho elas rompem com as cadeias da opressão. Jesus pergunta quem no meio da multidão haveria tocado nele e os discípulos não sabem e nem se interessam em responder. É como se o olhar daqueles homens não tivesse condições de enxergar aquela mulher. É na presença de Jesus que se estabelece um vínculo de solidariedade, tanto é que ele diz: "Minha filha, a tua fé te salvou; vai em paz e fique curada desse teu mal". Dibo afirma que essa "é a única mulher na Bíblia que busca saúde por si mesma e para si mesma, e a única a quem Jesus chama de filha".[3]

Jesus deseja a ela paz e diz que siga seu próprio caminho. No contexto judaico, o conceito de paz era uma saudação relacionada ao bem-estar pessoal e social. Jesus não propõe a ela uma relação de tutela ou de dependência. O Evangelho aparece como boa notícia para as mulheres, um referencial simbólico para que elas vivam com autonomia, se livrem do medo e vivam em paz.

20. Jesus da gente!

Minha fé não está fora de mim. Ela não é um acessório ou um complemento da minha vida. Ser discípulo de Jesus me constitui como sujeito no mundo. Desde pequeno, a semente do Evangelho foi plantada em meu coração por minha família, especialmente minha mãe e minha vó. Lembro-me de, ainda menino, conversar com Deus, a quem eu chamava carinhosamente, em oração, de "Papai do Céu". Aprendi um corinho que dizia: "Três palavrinhas só, eu aprendi de cor: Deus é amor". Simples e maravilhoso!

Deus sempre aparece para mim como amor, e a prova desse amor se dá na vida de Jesus. Na minha adolescência, essa semente frutificou de vez. Com muita consciência e convicção, eu abracei o Evangelho. Mais do que tradição e herança familiar, trata-se de uma decisão pessoal e consciente. Na pessoa de Jesus, sinto-me amado, perdoado, reconciliado e abraçado por Deus. Ele é minha fé, meu amor e o sentido da minha vida.

No decorrer da minha juventude, fui entrando em confronto com o conservadorismo religioso. Crise e transformação, lágrimas derramadas em oração. Junto a amigos e amigas, irmãos e irmãs, sempre em comunhão, minha fé passou por ressignificação.

Nesse contexto, bebi na fonte da teologia da libertação latino-americana e me inspirei muito na vida do pastor batista Martin Luther King Jr. Como fruto e parte dessa tradição, reconheço na Bíblia o compromisso de Deus com os oprimidos da história e a esperança da eternidade e da plena libertação da humanidade. Creio que o engajamento político em prol da justiça é devoção, adoração e obediência a Deus.

Lamento profundamente ver o crescimento de uma extrema direita no Brasil e no mundo, que se apropria da Bíblia e da figura de Jesus para bancar posturas intolerantes, bélicas, alimentadas pelo ódio. Ao mesmo tempo, sei que isso não é uma novidade. Quantas vezes o nome de Jesus já foi utilizado para justificar verdadeiras crueldades e atrocidades, como já discorri aqui neste livro!

Em 2020, fui convidado pela Estação Primeira de Mangueira a desfilar na Sapucaí. A escola de samba cantava sobre o "Jesus da gente, rosto negro, sangue índio e corpo de mulher". Eu prontamente aceitei o convite e vivi um dos momentos mais bonitos e especiais da minha vida! Mas, para muitas pessoas, cometi uma heresia. Muitos viram minha passagem pelo Sambódromo como uma atitude completamente errada para um cristão e um pastor. Mas eu fui com alegria, gratidão e consciência tranquila. Para mim, a Mangueira estava contando a história do Jesus dos Evangelhos em que eu acredito, tantas vezes esquecida e negligenciada pela própria Igreja e pelos cristãos.

Eu interpretei um Jesus negro, montado num jumentinho, entrando em Jerusalém sendo saudado pelo povo. Um Jesus simples e no meio do povão, longe dos tapetes vermelhos, da coroa, dos protocolos dos poderosos e das elites. Um Jesus de braços abertos, não de arma na mão. Um Jesus que tem compaixão, que alivia o fardo da vida e provoca alegria no viver. Um Jesus que não dá medo, mas que atrai com seu amor e perdão. Um Jesus que é pedra de tropeço para os ricos e opressores, para quem deseja definir sua vida pelo ódio.

Este livro segue uma longa tradição cristã, não é voo solo ou uma novidade. Só quero e oro para que seja uma contribuição para muitos corações. Que esta leitura inspire vontade de ler a Bíblia e aprender mais sobre a luta do povo, o compromisso de Deus para com os oprimidos, a revolução causada pelo Filho de Deus, Jesus Cristo da periferia de Nazaré! Que fardos sejam aliviados, lágrimas sejam consoladas, culpas sejam retiradas, preconceitos sejam quebrados e, assim, Jesus seja um pouco mais conhecido.

Sim, Jesus de braços abertos e coração repleto de compaixão. Jesus com as feridas da crucificação e a beleza da ressurreição! Jesus que não está distante, com raiva nos olhos distribuindo prêmios ou castigos. Não é o Jesus dos opressores, mas o dos oprimidos! Não é o Jesus do dogma, mas o do amor. Não é o Jesus monopolizado pelo cristianismo, mas o livre das amarras de qualquer instituição! Não é o Jesus que provoca culpa, mas o que nos restaura e provoca liberdade e amor. É o Jesus das esquinas, das praças, das rodas de rima e de samba, das filas dos hospitais, da UTI e da maternidade. É Jesus assumindo a beleza, o risco, a tristeza e a alegria da vida. É Jesus com a gente! Jesus da gente!

Notas

1. DEVOLVENDO A BÍBLIA AOS OPRIMIDOS [pp. 17-22]

1. Fernando J. F. Maia, Mayara H. V. de Farias, "Colonialidade do poder: A formação do eurocentrismo como padrão de poder mundial por meio da colonização da América", *Interações*, 2020; 21(3):577-96.

2. A BÍBLIA É MUITA COISA AO MESMO TEMPO [pp. 23-6]

1. Nancy Cardoso Pereira, "O papel é paciente, a história não é: Cotidiano sagrado, educação e diversidade religiosa no Brasil". In: Lilian Oliveira; Elcio Cecchetti; Rosa Assunta de Cesaro (Org.), *Cultura e diversidade religiosa na América Latina: Pesquisas e perspectivas pedagógicas*. Blumenau: Edifurb, 2009.
2. H. Frisotti, "Povo negro e Bíblia – retomada histórica", RIBLA n. 19 (1994), p. 269.
3. Ronilso Pacheco, *Ocupar, resistir, subverter*. Brasília: Novos Diálogos, 2016, p. 158.
4. James Cone, *Deus dos oprimidos*. São Paulo: Paulinas, 1985, p. 49.

3. PAISAGENS DISTORCIDAS [pp. 27-30]

1. Leonardo Boff, "Como enfrentar o fundamentalismo", *Brasil de Fato*, São Paulo, 24 ago. 2016.

2. Edson Fernando de Almeida; Ricardo Lengruber Lobosco, *Jardinagens teológicas*. São Leopoldo: Oikos, 2010, p. 46.

3. Idem.

4. Idem, p. 47.

5. Leonardo Boff, "Como enfrentar o fundamentalismo", *Brasil de Fato*, São Paulo, 24 ago. 2016.

5. A BÍBLIA NO CHÃO DA HISTÓRIA [pp. 37-45]

1. Feuerbach citado por James Cone, *Deus dos oprimidos*. São Paulo: Paulinas, 1985, p. 50.

2. James Cone, *Deus dos oprimidos*. São Paulo: Paulinas, 1985, p. 51.

3. Karl Marx; Friedrich Engels, *A ideologia alemã*. São Paulo: Boitempo, 2007.

4. Edson Fernando de Almeida; Ricardo Lengruber Lobosco, *Jardinagens teológicas*. São Leopoldo: Oikos, 2010, p. 127.

5. James Cone, *Deus dos oprimidos*. São Paulo: Paulinas, 1985, p. 103.

6. Refiro-me aqui ao poema de Casaldáliga "E o verbo se faz classe", que diz: "No ventre de Maria, Deus se fez homem. Mas, na oficina de José, Deus também se fez classe". Apud: Robson Ribeiro. "No ventre de Maria, Deus se fez homem. Na oficina de José, Deus se fez classe", Conselho Nacional do Laicato do Brasil, 19 mar. 2021. Disponível em: <www.cnlb.org.br/?p=7772>. Acesso em: 19 maio 2022.

7. Nancy Cardoso Pereira, "O papel é paciente, a história não é: Cotidiano sagrado, educação e diversidade religiosa no Brasil". In: Lilian Oliveira; Elcio Cecchetti; Rosa Assunta de Cesaro (Org.), *Cultura e diversidade religiosa na América Latina*: Pesquisas e perspectivas pedagógicas. Blumenau: Edifurb, 2009.

6. DEUS OUVE O GRITO DOS OPRIMIDOS [pp. 46-53]

1. James Cone, *Deus dos oprimidos*. São Paulo: Paulinas, 1985, p. 75.

7. TODA FÉ É POLÍTICA [pp. 54-8]

1. Clayborne Carson; Kris Shepard (Orgs.), *Um apelo à consciência*: Os melhores discursos de Martin Luther King. Rio de Janeiro: Zahar, 2006, p. 64.

9. A TEOLOGIA DO DESERTO [pp. 63-7]

1. Ronilso Pacheco, *Teologia negra: O sopro antirracista do espírito*. Brasília: Novos Diálogos; São Paulo: Recriar, 2019, p. 26.

2. Dorothee Solle apud Edson Fernando de Almeida; Ricardo Lengruber Lobosco, *Jardinagens teológicas*. São Leopoldo: Oikos, 2010, p. 140.

3. INSTITUTO HUMANITAS UNISINOS, "Etty Hillesum. Para Deus e para a vida", 23 maio 2018. Disponível em: <http://www.ihu.unisinos.br/78-noticias/579245-etty-hillesum-para-deus-e-para-a-vida>. Acesso em: 19 maio 2022.

10. DEUS DA LIBERDADE [pp. 68-71]

1. James Cone, *Deus dos oprimidos*. São Paulo: Paulinas, 1985, p. 76.

2. Henri Nouwen, *Crescer, os três movimentos da vida espiritual*. São Paulo: Paulinas, 2001, p. 69. Grifo meu.

3. Idem.

11. IMPRESCINDÍVEIS PROFECIAS [pp. 72-7]

1. Thiago de Mello, "Já faz tempo que escolhi". In: Thiago de Mello, *Vento geral: Poesia 1951/1981*. Rio de Janeiro: Civilização Brasileira, 1981.

2. Edson Fernando de Almeida; Ricardo Lengruber Lobosco, *Jardinagens teológicas*. São Leopoldo: Oikos, 2010, p. 27.

3. Programa *Espiritualidade na Ação*, com Eduardo Moreira, Frei Davi e Henrique Vieira. Disponível no YouTube.

4. Apud Ivanir Antonio Rampon, *Paulo VI e Dom Helder Câmara: Exemplo de uma amizade espiritual*. São Paulo: Paulinas, 2016.

13. QUANDO A FÉ EXTRAPOLA O INDIVÍDUO [pp. 85-9]

1. Oração disponível em: <https://franciscanos.org.br/vidacrista/calendario/invocacao-a-mariama-por-d-helder-camara/#gsc.tab=0>. Acesso em: 19 maio 2022.

2. "Paz e comunhão" (1991), composição de Gladir Cabral. Do álbum *É proibido pensar*, de João Alexandre.

14. JESUS DE NAZARÉ E SUA MENSAGEM [pp. 91-4]

1. Richard A Hosley, *Jesus e o Império: O reino de Deus e a nova desordem mundial*. São Paulo: Paulus, 2014, p. 12.
2. Ibidem, p. 14.

16. NÃO HÁ LEI SE HÁ FOME [pp. 98-102]

1. Edison Veiga, "Como o Brasil chegou ao atual cenário de fome?", *Folha de S.Paulo*, São Paulo, 7 fev. 2022.

17. EU NÃO TE CONDENO [pp. 103-9]

1. Ronilso Pacheco, "Porque a cultura do estupro também descansa sob a sombra da nossa leitura bíblica", 28 maio 2016. Disponível em: <https://web.facebook.com/ronilso.pacheco/posts/999880933460613?_rdc=1&_rdr>. Acesso em: 23 jun. 2022.

18. JESUS MUDA DE IDEIA [pp. 110-3]

1. Odja Barros. "O encontro de Jesus com a mulher siro-fenícia", Centro de Estudos Bíblicos, 14 ago. 2017. Disponível em: <http://cebi.org.br/oticias/o-encontro-de-jesus-com-mulher-siro-fenicia-mt-1521-28-odja-barros/>. Acesso em: 19 maio 2022.

19. A FÉ SALVA [pp. 114-9]

1. Graciela Dibo, "Ensaios de paz: Releitura feminista de Marcos 5:24-34 em círculos de mulheres", p. 138. Artigo apresentado no II Congresso de Teólogas Latino-americanas e Alemãs, realizado em Buenos Aires (Argentina) de 28 a 31 de março de 2016. Traduzido por Maristela Tezza e Vivian Aparecida da Cruz Rodrigues.
2. Graciela Dibo, "Ensaios de paz", op. cit., 2016, p. 140.
3. Graciela Dibo, "Ensaios de paz", op. cit., 2016, p. 142.

ESTA OBRA FOI COMPOSTA PELA ABREU'S EM INES LIGHT
E IMPRESSA EM OFSETE PELA GEOGRÁFICA SOBRE PAPEL PÓLEN BOLD
DA SUZANO S.A. PARA A EDITORA SCHWARCZ EM AGOSTO DE 2022